"São pouquíssimos os livros, se é que existe algum, erguidos sobre uma base tão sólida de evidências como este. Se o seu objetivo for lidar verdadeiramente com a ansiedade social e viver uma vida melhor, é dele que você precisa."

– **Todd B. Kashdan, PhD,** autor de *The Art of Insubordination*; professor de Psicologia e líder do Well-Being Laboratory, George Mason University, Estados Unidos

"Se você luta contra a ansiedade social e está procurando um livro de fácil compreensão, sem invencionices e eficaz, então aqui está ele: *Ansiedade social*, de Stefan G. Hofmann. Baseado em décadas de pesquisa e escrito por um dos maiores especialistas na área, este livro é indispensável a todos que queiram aprender técnicas seguras para compreender e superar a ansiedade em contextos sociais."

– **David A. Moscovitch, PhD, CPsych,** professor de Psicologia, University of Waterloo, Canadá

"A ansiedade social é uma condição dolorosa e debilitante que afeta muitas pessoas. Algumas delas são tímidas demais para procurar tratamento. O novo livro de Stefan Hofmann é um presente para esses indivíduos, incorporando pesquisa de ponta e sabedoria ancestral em uma escrita convidativa e engajadora. Ele está repleto de exemplos da vida real. Consigo ver muitas pessoas recorrendo a esta obra para esclarecimentos, conselhos e inspiração."

– **Eva Gilboa-Schechman,** professora de Psicologia, Bar-Ilan University, Israel

"Um livro fascinante que apresenta um caminho claro e detalhado para a superação da ansiedade social. Hofmann apresenta ilustrações úteis, exemplos de caso e atividades que ajudarão as pessoas a compreenderem e reduzirem seus medos sociais. Familiares e amigos de pessoas com ansiedade social também se beneficiarão da leitura deste recurso completo."

– **Lynn E. Alden, PhD,** professora e psicóloga clínica, University of British Columbia, Canadá

"Reunindo seu vasto conhecimento científico acerca da debilitante ansiedade social a uma abordagem terna e humana, Hofmann nos apresenta esta obra que falará diretamente a todos os que sofrem com esse transtorno. Habilidades práticas e exemplos baseados em experiências, aliados a uma escrita clara e de fácil leitura, fazem deste um livro de tremenda importância para todas as pessoas que levam a sério a empreitada de dominar a ansiedade social."

– **Ronald M. Rapee, PhD,** professor de Psicologia, Macquarie University, Austrália, e autor de *Overcoming Shyness and Social Phobia*

"Stefan Hofmann, um pioneiro no tratamento da ansiedade social, oferece-nos um conjunto convidativo e inspirador de ferramentas e práticas que se mostraram eficazes. Esta obra é leitura obrigatória para qualquer um que esteja sofrendo e vivendo com ansiedade social, ou a tratando."

– **Murray B. Stein, MD, MPH, FRCPC**, professor de Psiquiatria e Saúde Pública, University of California, San Diego

Ansiedade social

A Artmed é a editora oficial da FBTC

H713a Hofmann, Stefan G.
　　　　Ansiedade social : enfrentando seus medos e aproveitando os contatos sociais com a terapia cognitivo-comportamental / Stefan G. Hofmann ; tradução : Pedro Augusto Machado Fernandes; revisão técnica : André Luiz Moreno. – Porto Alegre : Artmed, 2024.
　　　　xi, 168 p. : il. ; 23 cm.

　　　　ISBN 978-65-5882-195-3

　　　　1. Ansiedade. 2. Psicoterapia. 3. Terapia cognitivo-
-comportamental. I. Título.

CDU 159.9:616.89-008.441

Catalogação na publicação: Karin Lorien Menoncin – CRB 10/2147

Stefan G. **Hofmann**

Ansiedade social

enfrentando seus medos e aproveitando os contatos sociais com a **terapia cognitivo-comportamental**

Tradução
Pedro Augusto Machado Fernandes

Revisão técnica
André Luiz Moreno
Psicólogo. Especialista em Terapia Cognitivo-comportamental pelo Instituto WP. Doutor em Saúde Mental pela Faculdade de Medicina de Ribeirão Preto — Universidade de São Paulo (FMRP-USP).

Porto Alegre
2024

Obra originalmente publicada sob o título *CBT for Social Anxiety: Proven-Effective Skills to Face Your Fears, Build Confidence, and Enjoy Social Situations*, 1st Edition
ISBN: 9781648481208

Copyright © 2023 by Stefan G. Hoffmann
New Harbinger Publications, Inc.
5674 Shattuck Avenue Oakland, CA 94609
www.newharbinger.com

Gerente editorial
Letícia Bispo de Lima

Colaboraram nesta edição:
Coordenadora editorial
Cláudia Bittencourt

Capa
Paola Manica | Brand&Book

Preparação de original
Heloísa Stefan

Leitura final
Marquieli Oliveira

Editoração
Ledur Serviços Editoriais Ltda.

Reservados todos os direitos de publicação, em língua portuguesa, ao
GA EDUCAÇÃO LTDA.
(Artmed é um selo editorial do GA EDUCAÇÃO LTDA.)
Rua Ernesto Alves, 150 – Bairro Floresta
90220-190 – Porto Alegre – RS
Fone: (51) 3027-7000

SAC 0800 703 3444 www.grupoa.com.br

É proibida a duplicação ou reprodução deste volume, no todo ou em parte, sob quaisquer formas ou por quaisquer meios (eletrônico, mecânico, gravação, fotocópia, distribuição na Web e outros), sem permissão expressa da Editora.

IMPRESSO NO BRASIL
PRINTED IN BRAZIL

A meus filhos, Benjamin e Lukas.

Autor

Stefan G. Hofmann, PhD, especialista amplamente respeitado quando o assunto é a aplicação da terapia cognitivo-comportamental (TCC) ao tratamento da ansiedade – citado em periódicos acadêmicos e médicos, bem como na grande mídia. Hofmann recebeu, em 2023, um prêmio da Associação de Terapia Cognitivo-comportamental dos Estados Unidos (ABCT) pelo conjunto de sua obra. É autor e coautor de vários livros, incluindo *Lidando com a ansiedade: estratégias de TCC e mindfulness para superar o medo e a preocupação* (Artmed, 2022).

Apresentação

A natureza humana é cheia de contradições, e a ansiedade social é uma delas. Evoluímos para buscar conexão uns com os outros, mas, ao mesmo tempo, temos medo da rejeição. Como podemos entender isso e superar nosso medo de sermos avaliados negativamente – ou humilhados? Hofmann nos ajuda a compreender que não estamos sozinhos. Até mesmo as celebridades podem sofrer de transtorno de ansiedade social.

Treze por cento das pessoas irão, em algum momento da vida, sofrer de transtorno de ansiedade social, o que faz deste um dos problemas psicológicos mais frequentes. Vários aspectos da vida são afetados por esse tipo de ansiedade, incluindo a habilidade de progredir em nossa carreira, fazer e manter amizades e encontrar parceiros. Em muitos casos, as limitações geradas pela ansiedade social levarão à depressão conforme as pessoas passam a se sentir menos eficientes, mais autocríticas e, não raro, desesperançosas. Muitas delas recorrerão ao álcool e às drogas para lidar com o estresse.

O professor Stefan Hofmann é uma das maiores autoridades do mundo em ansiedade. Seu programa de pesquisa, ao longo de muitos anos, tem abordado praticamente todos os aspectos das dificuldades psicológicas enfrentadas pelas pessoas, e sua obra sobre transtorno de ansiedade social tem aplicação direta para ajudá-las a superar esse problema inquietante e comum.

Sempre que leio um livro, faço-me o seguinte questionamento: "Quais perguntas este livro responderá?". Eis algumas perguntas que você pode ter em mente durante sua leitura: "Por que temos ansiedade social?"; "De que forma ela já foi útil?"; "Por que a ansiedade social muitas vezes é um problema em longo prazo mesmo quando as coisas não parecem estar erradas?"; "Como a ansiedade muda?"; "Como a exposição funciona para reduzir a ansiedade e por que às vezes ela não dá certo?"; "Quais são os erros de pensamento comuns que nos fazem tender à ansiedade social e como podemos mudá-los?"; "Muitas vezes, temos receio de que as pessoas achem que somos estranhos ou burros... O que de fato aconteceria se testássemos isso e agíssemos intencionalmente de maneira um pouco estranha para tirar a prova?"; "Como podemos conseguir maior aceitação de nós mesmos, e quais técnicas podemos utilizar de imediato para começar esse processo?"; "De que forma podemos aprender a aceitar as sensações que temos e que acompanham nossa ansiedade, em vez de pensar que precisamos eliminar quaisquer sensações que nos sejam desconfortáveis?"; "Como podemos direcionar compaixão a nós mesmos de modo a substituir nossa autocrítica por autocompaixão?"; "Quais habilidades sociais práticas podemos utilizar para não parecermos tão rígidos ou excessivamente cautelosos como às vezes acontece?". Este livro maravilhoso, além de responder a tais perguntas, também nos dá ferramentas que podemos usar para superar nossa ansiedade social.

Quando trabalho com pacientes, sempre penso como é, para aquela pessoa, lidar com a ansiedade e a depressão. Hofmann é perspicaz, inteligente e compassivo. Este livro prático o fará sentir que há alguém ao seu lado enquanto lê e que compreende exatamente o que você está passando. Você sentirá a esperança crescendo em seu coração conforme for descobrindo que existe um modo de superar a ansiedade social. Você não precisa se sentir na obrigação de corresponder a padrões irrealistas, criticar-se, evitar situações que geram ansiedade ou até mesmo temer esses sentimentos desconfortáveis. Você pode aprender a enxergar as coisas de uma maneira mais realista e observar, a partir de exposições, que suas previsões negativas praticamente nunca se concretizarão e que, na verdade, é capaz de lidar com desfechos negativos mesmo que eles ocorram. Você pode aprender não apenas a enfrentar seus medos, mas também a desenvolver confiança para se tornar mais resiliente.

A boa notícia é que este livro, *Ansiedade social: enfrentando seus medos e aproveitando os contatos sociais com a terapia cognitivo-comportamental*, é um excelente guia para compreender a complexidade do transtorno de ansiedade social e conhecer muitas ferramentas comprovadas para revertê-lo.

Amparando-se no que há de mais avançado nas pesquisas contemporâneas em teoria evolutiva, neurociências, processos comportamentais e terapia cognitivo-comportamental, Hofmann percorre conosco os passos para compreender que a evitação de que fazemos uso frequentemente em nossa ansiedade apenas facilita e, no fim das contas, acaba reforçando nossas crenças negativas.

O que me parece revigorante neste livro é a capacidade do professor Hofmann de integrar o trabalho de diferentes abordagens, em vez de simplesmente se ater a uma só. Em outras palavras, existem muitos processos em ação que subjazem ao transtorno de ansiedade social, e ignorar qualquer um deles significa limitar a eficácia dos tratamentos que podem ser aplicados.

Vivemos em uma cultura que parece enfatizar nosso desempenho social, alimentando-nos com padrões irrealistas de total controle. Esperam que pareçamos no controle das emoções, não importa a situação. O que aconteceria se abríssemos mão desses padrões exigentes? A maioria das pessoas sabe que a autoexposição às situações que geram ansiedade é importante para superar esses medos. Contudo, algumas vezes, elas dizem: "Fiz essas coisas e ainda me sinto ansioso". Isso porque, conforme Hofmann explica, depois de termos realizado a autoexposição a situações que provocam ansiedade, as *interpretações* que fazemos de nossas experiências – por meio da ruminação e da autocrítica – são os principais ingredientes envolvidos na manutenção da ansiedade social.

Acredito que as pessoas que sofrem do transtorno de ansiedade social que lerem este excelente livro sentirão que o professor Hofmann está olhando diretamente para suas mentes, enxergando o mundo aterrorizante a partir de sua perspectiva. Como todo clínico sábio e talentoso, Hofmann nos conduz por aquela estrada que nos leva aos nossos medos e nos ajuda a passar por ela, capacitando-nos e permitindo que tenhamos nossas vidas de volta. Este livro o ajudará em cada passo dessa jornada.

Robert L. Leahy, PhD
Diretor, American Institute for Cognitive Therapy
Professor clínico de psicologia, Departamento de Psiquiatria,
Weill Cornell Medical College, NewYork-Presbyterian Hospital

Sumário

	Apresentação *Robert L. Leahy*	ix
	Introdução	1
1	O que é ansiedade social?	9
2	E a coisa continua... Mas por quê?	37
3	A chave é a exposição	63
4	Identificando e corrigindo erros de pensamento	81
5	Enfrentando contratempos sociais	105
6	Aceitando a si mesmo	121
7	Diminuindo a ativação da ansiedade	137
8	Melhorando suas habilidades sociais	151
	Epílogo	159
Apêndice	Medicamentos para a ansiedade social	161
	Referências	165

Introdução

Todos nós nos sentimos socialmente ansiosos de vez em quando. Dando uma palestra, conhecendo pessoas novas, lidando com figuras de autoridade, sendo observados pelos outros – situações comuns que nos fazem sentir desconfortáveis. Todas essas situações envolvem outras pessoas, e todas elas podem desencadear um medo de avaliação negativa por parte dos outros. Você não está sozinho. Para alguns de nós, essas situações não são apenas desconfortáveis; elas são aterrorizantes. Podemos, então, inventar desculpas para evitar dar uma palestra, ir a festas, encontrar com figuras de autoridade ou fazer algo em frente a outras pessoas. Para alguns de nós, essa ansiedade pode ser tão grave a ponto de interferir em nossas vidas. Nesses casos, o nível de ansiedade social pode ter atingido o limiar para transtorno de ansiedade social (TAS), uma condição psiquiátrica oficialmente reconhecida (também chamada de fobia social). A boa notícia, porém, é que existem estratégias muito eficazes para lidar com ela. Essas estratégias são descritas nesta obra.

O presente livro descreverá detalhadamente as razões para a ansiedade social. Tais razões não são meras suposições ou opiniões. Elas são baseadas em muita pesquisa, que resumirei aqui. No entanto, este livro não é um manual científico. Ele é escrito para você, leitor, que está lutando com a ansiedade social e tentando lidar com ela. Nesta obra, essas estratégias baseadas em evidências serão transformadas em estratégias concretas que você pode aplicar para controlar a ansiedade social. Acontece que uma estratégia altamente eficaz é expor-se a essas mesmas situações que o fazem querer evitá-las. Isso parece um paradoxo. Como enfrentar o que se teme diminuirá seu medo? Existem várias boas razões que explicam por que isso ocorre. A resposta natural à ansiedade é a evitação, porque a ansiedade é uma experiência muito desagradável. Enfrentá-la demanda coragem, e nesse momento você está demonstrando sinais de coragem. Evitação e ansiedade estão intimamente ligadas. A consequência positiva em curto prazo da evitação é o alívio passageiro; mas a consequência negativa em longo prazo é viver uma vida limitada, insatisfatória ou até mesmo infeliz. Se você continuar a leitura, mantiver a mente aberta e ficar motivado a superar a ansiedade, você se sentirá melhor ao final deste livro. Estudos demonstraram que, quando estão aplicando essas técnicas, 3 em cada 4 pessoas sofrendo de transtorno de ansiedade social experimentarão uma melhora considerável e de longa duração em seus problemas. Este livro o ajudará a se libertar da tirania da ansiedade social, permitindo que você viva uma vida significativa e feliz.

Talvez você já tenha dado uma olhada em outros livros sobre o assunto. Se esse for o caso, o que quer que tenha tentado antes provavelmente não funcionou tão bem. Desta vez será diferente. Por favor, continue a leitura e eu lhe explicarei o porquê.

Ansiedade social e timidez extrema são bastante comuns. Muitas situações sociais nos geram desconforto. O medo de falar em público é o medo mais comumente confessado, mais comum até mesmo do que o medo de morrer. Na verdade, a ansiedade social é tão comum que parece ser uma reação humana normal. Ela assegura que nos mantenhamos dentro das expectativas do grupo e não violemos normas sociais. Humanos são animais sociais, e o apoio social é essencial para nossa saúde emocional. Ao longo de nossa história, os indivíduos tiveram maior chance de sobreviver em um grupo, o que sugere que a ansiedade social é evolutivamente adaptativa.

Embora muito comum, a ansiedade social pode tornar-se tão grave que passa de algo apenas desconfortável para interferir significativamente na vida da pessoa. Por exemplo, algumas pessoas bastante talentosas podem largar a faculdade porque não conseguem lidar com as demandas que envolvem desempenho social, ou podem escolher carreiras que estão claramente abaixo de suas habilidades e talentos apenas para evitar tais situações. Essa é a má notícia. A boa notícia, entretanto, é que existem tratamentos eficazes disponíveis para aqueles que sofrem com esse transtorno debilitante.

No decorrer da década passada, meus colaboradores e eu desenvolvemos uma abordagem de tratamento altamente eficaz, baseada em muita pesquisa, para tratar a ansiedade social (Hofmann, 2007; Hofmann & Otto, 2008). Essa abordagem utiliza a terapia cognitivo-comportamental (TCC) – uma forma de psicoterapia que auxilia as pessoas a identificarem e mudarem padrões de pensamentos negativos, a fim de realizar mudanças positivas no comportamento e no humor –, especificamente criada para indivíduos com TAS. Embora muitos estudos iniciais tenham aplicado esse tratamento em formato para grupos, meu amigo Uli Stangier e colaboradores demonstraram que uma abordagem individualizada para algumas dessas estratégias levará a melhores desfechos (Stangier et al., 2003). Nosso primeiro artigo acadêmico (Hofmann, 2007) que descreveu essa abordagem se tornou um dos mais citados da literatura científica, sendo considerado um dos tratamentos psicológicos mais eficazes para TAS (Hofmann & Otto, 2008). Diversos estudos avaliando essa abordagem produziram efeitos impressionantes, demonstrando uma taxa de sucesso de 70 a 75%, mesmo em longo prazo. Como resultado, nossa abordagem de tratamento foi considerada um "tratamento empiricamente embasado" pela American Psychological Association (Society of Clinical Psychology, Division 12 n.d.). Este livro descreverá tal abordagem de forma que você possa usá-la para benefício próprio.

Nenhuma pessoa é igual à outra. Você tem uma história única e, da mesma forma, fraquezas e forças únicas. Por essa razão, não existe *somente* uma abordagem visando a *todos* os problemas de *todas* as pessoas igualmente. Algumas estratégias funcionarão muito bem para algumas pessoas, ao passo que outras estratégias funcionarão melhor para outras pessoas. A abordagem que aplica as mesmas estratégias para todos raramente é bem-sucedida. Contudo, essa é a abordagem adotada pela maioria dos livros de autoajuda. Este livro é diferente. Você aprenderá a explorar e encontrar a estratégia *correta* que mais se adapta para solucionar o *seu* problema específico. A ansiedade social é um problema heterogêneo. Algumas pessoas temem situações sociais porque são extremamente tímidas, outras porque enxergam a si mesmas de maneira muito negativa, já outras sentem um medo exagerado, mesmo tendo um senso saudável de *self*, em situações específicas de desempenho social. Este livro reconhece essa heterogeneidade e aborda seus problemas específicos a partir de estratégias corretas.

Começarei descrevendo a natureza da ansiedade e do medo sociais, de onde vêm e o que os mantém. Você aprenderá, então, técnicas para manejar o medo e reduzir a ansiedade. Com essa base estabelecida, você desenvolverá ferramentas para lidar com diferentes aspectos de sua ansiedade social. As estratégias se relacionam entre si, mas também podem ser utilizadas isoladamente. Você é o especialista em seu problema. Portanto, é quem está na melhor posição para lidar com ele. Eu o aconselho a trabalhar durante a leitura de todo o livro e a aprender todas as estratégias primeiro, para então voltar àquelas que funcionaram melhor no seu caso.

O primeiro capítulo descreve o problema. Ele lhe fornecerá informações e apresentará fatos importantes sobre a ansiedade social, sua expressão clínica, definição diagnóstica (i.e., os critérios que muitos médicos usam para determinar quão grave é o problema), prevalência (i.e., quão comum é o problema na população geral), interferência em nossas vidas, bem como importância evolutiva e significado biológico. Você aprenderá que a ansiedade social é um problema comum, até mesmo normal, que faz parte do que nos torna humanos. Sem ela, nossa espécie não teria sobrevivido. Contudo, a ansiedade social também pode se transformar em um problema, e até mesmo em um transtorno mental, quando ultrapassa um limiar crítico. Ela então se torna angustiante, inconveniente e invasiva. Para entender por que e quando esse sentimento adaptativo pode virar um problema, precisamos, em primeiro lugar, identificar os vários componentes da ansiedade social. Só então encontraremos maneiras de lidar com o problema.

O Capítulo 2 revisa as razões pelas quais a ansiedade social é mantida apesar (ou talvez por causa) do fato de enfrentarmos tantas situações sociais todos os dias. Tais fatores mantenedores são cruciais para a compreensão das estratégias recomendadas para superar o problema e das diferenças entre as pessoas no que diz respeito ao motivo pelo qual sua ansiedade social persiste. Fundamentalmente, a teoria por trás das intervenções que descreverei neste livro é a ideia de que as pessoas ficam apreensivas em situações sociais em parte porque percebem o padrão social (i.e., expectativas e metas sociais) como elevado. Elas desejam causar uma impressão particular nos outros, embora duvidem de sua capacidade de fazê-lo, até certo ponto porque são incapazes de definir metas e selecionar estratégias comportamentais específicas alcançáveis para atingi-las. Isso leva a um aumento posterior da apreensão social e da atenção autocentrada, que desencadeia várias respostas cognitivas intimamente relacionadas (i.e., pensamentos e crenças). Especificamente, indivíduos vulneráveis exageram a probabilidade de contratempos sociais e dos custos sociais potenciais envolvidos em situações sociais. Indivíduos com TAS consideram que correm o risco de se comportarem de maneira incompetente e inaceitável e creem que isso resultará em consequências desastrosas. Eles acreditam, ainda, que têm pouco controle sobre a própria resposta ansiosa em situações sociais e exageram a visibilidade dessa resposta para as outras pessoas. Tais respostas se encontram intimamente associadas umas com as outras e com a tendência de as pessoas perceberem a si mesmas negativamente em situações sociais. A ativação desses fatores leva a um exagero da ansiedade social. Como resultado, a pessoa engaja-se em comportamentos de evitação e/ou segurança, seguidos de ruminação pós-evento. Tal ciclo se retroalimenta, levando, enfim, à manutenção e à posterior piora do problema. As estratégias para abordar cada fator mantenedor são descritas nos capítulos subsequentes.

O Capítulo 3 introduz a estratégia denominada exposição (i.e., enfrentar situações sociais ameaçadoras para testar as próprias crenças) e explica por que ela é uma ferramenta tão importante para superar a ansiedade social. Esse importante capítulo aponta para a evitação como a principal razão pela qual a ansiedade é mantida. Isso é verdade para todo tipo de ansiedade, mas a pessoa com ansiedade social não evita tanto a situação em si – o que ela evita é enfrentar o medo em sua totalidade. Como resultado, estratégias de evitação podem adquirir diferentes formas, algumas das quais podem ser comportamentos muito sutis que nos dão uma sensação de segurança. Tais comportamentos de segurança são uma razão importante pela qual a ansiedade social é um problema tão persistente.

No Capítulo 4, discutimos a natureza de pensamentos e raciocínios relacionados com a ansiedade. Os dois tipos de estilos de pensamento desadaptativos básicos são a *superestimação de probabilidades* (exagerar a probabilidade de ocorrência de um evento desagradável) e o *pensamento catastrófico* (enxergar um desfecho desagradável como pior do que realmente é). Você aprenderá técnicas específicas, que chamo de "ferramentas de pensamento", para combater esses estilos de pensamento desadaptativos.

O Capítulo 5 apresenta um exercício que descobri ser uma das estratégias isoladas mais eficazes para tratar a ansiedade social. De certa maneira, esse exercício, focado no enfrentamento de contratempos sociais, é uma culminação e combinação de muitas estratégias distintas. Minha experiência comprova que, depois que os pacientes adotam tal estratégia, sua ansiedade social derrete como sorvete sob o sol quente do deserto. É como abrir a lâmpada de Aladin para, finalmente, libertar o gênio, que nunca mais desejará voltar para dentro da lâmpada.

O Capítulo 6 aborda um dos aspectos centrais das pessoas com ansiedade social: seu senso negativo e distorcido de *self* como objeto social. Munindo-se de exercícios de treino de atenção, você aprenderá a modificar sua atenção autocentrada e, por meio de práticas chamadas de "exposição ao espelho" e "exposição à própria voz", acabará se sentindo mais confortável com sua maneira de ser e sua aparência. Também discuto uma prática chamada de meditação de gentileza amorosa,* ou *metta*, para melhorar seus sentimentos em relação a si mesmo e às outras pessoas. Isso é particularmente útil para pessoas que, além de ansiedade social grave, têm depressão.

O Capítulo 7 descreve ferramentas simples para você reduzir a ativação do seu sistema nervoso de modo que ele não atrapalhe a aplicação de outras habilidades. Aqui, discutimos *exercícios de habituação interoceptiva* e um exercício de relaxamento. O termo "interocepção" refere-se à experiência e à percepção de seus sintomas corporais, como aceleração do coração, falta de ar, rubor da face, mãos frias, e assim por diante. Tais sintomas podem ser bastante intensos e estressantes. Por meio de exercícios de habituação interoceptiva, você aprende como esses sintomas podem ficar menos estressantes se ocorrerem em situações sociais. O termo *habituação* se refere aqui a uma forma simples de aprendizagem, durante a qual sua resposta inata a um estímulo diminui com apresentações repetidas. No caso da habituação interoceptiva, você é exposto repetidas vezes a experiências corporais assustadoras (p. ex., coração acelerado), o que leva gradualmente à diminuição da ansiedade. Outra possibilidade é escolher diminuir deliberadamente sua ativação e, com isso, a intensidade desses sintomas por meio de uma técnica de relaxamento popular denominada *relaxamento muscular progressivo*. Devo dizer, contudo, que essas técnicas não devem ser usadas como um meio de evitar o sentimento de medo trazido pela situação. Em vez disso, elas devem ser utilizadas nas situações em que os sintomas corporais que você sente são tão fortes e perturbadores que o distraem e interferem em sua habilidade de se expor a situações sociais. Considere-as como ferramentas de emergência que devem ser usadas esporadicamente.

O Capítulo 8 discute ferramentas simples para aperfeiçoar suas habilidades sociais – caso necessário. Embora a maior parte das pessoas, até mesmo aquelas com ansiedade social extrema, tenha habilidades sociais adequadas ou muito boas, algumas sofrem, sim, com problemas para desenvolver tais habilidades. Aqui, reviso a *sensibilidade ao contexto* e a *flexibilidade* como os aspectos da interação social mais importantes a serem considerados. As habilidades sociais são sempre específicas a algum contexto, o que significa dizer que as habilidades específicas recrutadas dependem das circunstâncias, da cultura, e assim por diante. Reviso, então, algumas habilidades interacio-

---

*N. de E. Essa meditação também é conhecida como "meditação da amorosidade", "meditação da bondade amorosa" e "meditação do amor e da gentileza".

nais e de desempenho social e de fala que podem ajudá-lo a lidar com várias demandas sociais.

Este livro também traz um apêndice, no qual forneço algumas informações cruciais sobre medicamentos para a ansiedade social. Isso pode auxiliá-lo a se orientar caso tenha perguntas sobre o assunto. Além disso, em loja.grupoa.com.br, você encontra alguns formulários apresentados ao longo deste livro e um questionário, seguido de respostas, para testar seus conhecimentos e verificar o quanto aprendeu a partir da leitura deste livro.

As estratégias delineadas aqui para lidar com a ansiedade social são altamente eficazes. Há uma grande chance de você notar resultados consideráveis já em apenas algumas semanas, pois elas são baseadas em muita pesquisa e prática clínicas. Alguns dos exercícios podem parecer estranhos, mas, por favor, dê-lhes uma chance e os experimente. Você não tem muito a perder. Apenas a ansiedade que tem atrapalhado seu caminho.

Stefan G. Hofmann, PhD
Boston, MA; Frankfurt, Alemanha;
Cape Cod, MA; e no caminho de uma cidade a outra

1
O que é ansiedade social?

Você está prestes a falar em público. Sente o coração bater mais rápido; seu corpo está quente e suado. As mãos, frias e pegajosas. A mente está a mil. O corpo, tenso. Percebe os olhares vindos da plateia. Você se sente um fracasso completo. É horrível. A cena parece irreal, tal qual um sonho.

Isso soa familiar? É o que muitas pessoas experimentam quando são convidadas a dar uma palestra. Embora muito comum, a ansiedade social não se restringe a discursos ou outras situações de desempenho social. Muitas pessoas sentem-se assim em festas ou jantares ou quando estão sendo apresentadas a alguém, indo para um encontro ou falando ao telefone. A característica comum a todas essas situações é o envolvimento de outras pessoas. Muitas outras situações podem desencadear ansiedade social, e, algumas vezes, a experiência é bem diferente daquelas que acabamos de descrever. Tais situações sociais são desconfortáveis e incômodas por várias razões. Você pode não gostar de ser o centro das atenções, de ser observado pelos outros, de ter que realizar algo na frente de outras pessoas ou de ser julgado – ou de sentir que está sendo julgado – pelos outros.

Ninguém gosta de ser avaliado negativamente, e poucas pessoas sentem prazer em ser observadas ou ser o centro das atenções. Assim, é bastante normal sentir alguma ansiedade em situações sociais às vezes. Não há nada com que se preocupar. Na verdade, seria anormal se você não experimentasse um pouco de ansiedade social de vez em quando. É muito normal se sentir nervoso ao falar em público no trabalho ou em uma reunião de família, ou durante uma apresentação no ensino médio. Quase todo mundo fica nervoso em seu primeiro encontro ou entrevista de emprego. Ficar ansioso na frente de pessoas que podem avaliá-lo é muito comum. O problema tem início quando a ansiedade social é muito intensa e começa a interferir em sua vida, como no caso do transtorno de ansiedade social. Neste capítulo, descreverei muitas faces da ansiedade social e discutirei as características clínicas do transtorno. Em seguida, fornecerei uma revisão breve e acessível da pesquisa sobre ansiedade social, incluindo suas bases biológicas e sociais/culturais. Este capítulo também inclui uma breve autoavaliação para que você determine seu nível de ansiedade social.

Utilizarei dois termos com certa frequência: "medo" e "ansiedade". A diferença entre esses dois termos nem sempre fica muito clara, e eles são usados como sinônimos até mesmo por especialistas. Para nosso propósito aqui, definiremos *medo* como a resposta emocional que você experiencia quando precisa enfrentar uma situação temida (como uma situação social). O medo é a resposta mais imediata e involuntária à situação temida. A *ansiedade*, por outro lado, refere-se aos sentimentos e pensamentos durante nosso processo de previsão de um evento ameaçador e durante a preocupação e o planejamento acerca de um evento social futuro.

A ANSIEDADE SOCIAL É COMUM

O comediante Jerry Seinfeld disse certa vez que o maior medo das pessoas é falar em público, e o segundo maior é a morte. Ele concluiu que, se você tem de ir a um funeral, é possível que prefira se deitar no caixão a ter que confortar as pessoas que perderam um ente querido! E isso faz sentido: a ansiedade social é uma experiência bastante comum e até mesmo "normal". Você pode se surpreender sabendo que até mesmo pessoas acostumadas com o estrelato compartilham a experiência de ansiedade social. Eis alguns exemplos.

Adele

Em 11 de abril de 2011, a revista *Rolling Stone* publicou um artigo sobre Adele, a famosa cantora e compositora, que revelou o seguinte:

Eu fico toda trêmula... Tenho medo de me apresentar em público... Fico apavorada. Teve um show em Amsterdã em que fiquei tão nervosa que fugi pela saída de emergência. Vomitei algumas vezes. Em outra ocasião, em Bruxelas, vomitei em cima de uma pessoa. Simplesmente tenho que aguentar. Mas não gosto de sair em turnê. Tenho muitas crises de ansiedade... Meus nervos ficam à flor da pele até que eu saia do palco.

Donny Osmond

Donny Osmond foi o vocalista da banda Osmond Brothers na década de 1960. Ele se tornou uma celebridade adolescente depois de uma sequência de *hits* no começo da década de 1970 e, então, lançou um *hit* de retorno no fim da década de 1980. Em uma entrevista concedida à revista *People Magazine* (em 17 de maio de 1999), Osmond revelou:

Sempre fiquei um pouco nervoso em todas as apresentações que fiz na vida, mas, desde que me lembro – quer estivesse no palco ou em uma reunião de negócios –, sabia que, se me aplaudissem ao final da primeira música, se rissem quando eu contasse uma piada, meu nervosismo diminuiria, embora nunca desaparecesse por completo. Em algum momento por volta de 1994, comecei a sentir um tipo de ansiedade diferente, que nunca havia sentido antes... Depois que o medo de passar vergonha me dominou, não consegui me desvencilhar dele. Foi como se uma irrealidade bizarra e aterrorizante tivesse tomado conta de tudo o que era familiar e seguro. Sob o domínio dos meus piores medos, fiquei paralisado, certo de que, se fizesse algo errado, eu literalmente morreria. Ainda mais aterrorizante foi sentir que seria um alívio morrer. Quanto mais eu tentava me lembrar das letras, mais fugidias elas ficavam. O melhor que eu podia fazer era não desmaiar, e eu fiz o show, com muitíssimo esforço, repetindo para mim mesmo: "Não perca a consciência, não perca a consciência". E essas crises nervosas não ocorriam somente em relação a apresentações no palco. Lembro-me de ter ficado tão perturbado diante da perspectiva de participar do programa Live with Regis e Kathie Lee que não dormi nada na noite anterior e fiquei nauseado antes de participar. Em outra ocasião, minha ansiedade foi tão avassaladora durante um teste para ser a voz de Hércules na versão animada da Disney que meu desempenho foi vergonhoso. Comecei até a me questionar se eu poderia continuar com minha carreira musical.

Barbara Streisand

Barbara Streisand, atriz estadunidense, cantora e cineasta, evitou apresentações ao vivo por quase três décadas devido a uma crise debilitante de medo de palco que teve em um concerto no Central Park, em 1967, durante o qual ela esqueceu a letra de uma de suas músicas. Em uma entrevista a Diane Sawyer (em 22 de setembro de 2005), ela contou o seguinte:

Eu não conseguia sair daquela situação... Foi chocante para mim ter esquecido a letra, de modo que não consegui levar o episódio na esportiva... Sabe, não inventei palavras... Alguns artistas realmente se saem bem quando se esquecem. Eles esquecem as letras o tempo todo, mas de algum modo conseguem fazer piada sobre isso. Lembro-me de que não achei graça nenhuma. Fiquei muito chocada... Deixei de cantar e vender ingressos durante 27 anos por causa daquela noite... O que pensei foi: "Deus do céu, eu não sei. E se eu me esquecer de novo das letras?".

Esses são apenas alguns exemplos notáveis de celebridades de hoje e do passado. Outros exemplos são a cantora Carly Simon e muitos atletas profissionais, como os jogadores de beisebol Steve Sax, Mike Ivie e Steve Blass (para os nossos amigos norte-americanos que gostam de esporte). O ponto aqui é o seguinte: até mesmo pessoas que fazem sucesso, vivendo sob escrutínio público e se apresentando para milhares de pessoas, podem experimentar uma ansiedade social debilitante. Ela é extremamente comum e afeta inclusive pessoas que têm de lidar com situações de desempenho social todos os dias.

Cerca de 13 em cada 100 pessoas nos Estados Unidos sofrem hoje ou já sofreram com o transtorno de ansiedade social (TAS). Esse dado, conhecido como taxa de prevalência ao longo da vida, é, de certa forma, dependente da cultura. Nos Estados Unidos, encontramos taxas mais elevadas de TAS entre a população indígena e menores taxas entre os descendentes asiáticos, latinos, afro-americanos e afro-caribenhos, quando comparados à população branca não hispânica. As taxas de prevalência em crianças e adolescentes são comparáveis aos dados dos adultos, mas parecem decair com a idade. Taxas um pouco mais elevadas são encontradas nas mulheres quando comparadas aos homens. Membros da comunidade LGBTQ+ também são mais propensos a sofrerem com TAS do que pessoas heterossexuais e cisgênero (este último vocábulo se refere às pessoas cuja identidade de gênero corresponde ao seu sexo designado ao nascimento).

Vamos agora olhar para algumas pessoas fora do radar público. Eu conseguiria encher páginas e mais páginas com exemplos. Nenhuma pessoa com ansiedade social sofre com o problema da mesma forma que outra. Cada uma delas tem uma história singular tocada de maneiras muito singulares pela ansiedade social. Os casos que descrevo aqui não são reais, mas foram criados com base na minha experiência. Não existe isso de pessoa típica com TAS. Contudo, apesar dessas diferenças únicas, todas as pessoas compartilham a dificuldade, a perturbação e os prejuízos que esse problema pode causar em suas vidas.

Sarah

Sarah, 33 anos, não é uma celebridade. Ela nunca recebeu nenhum grande prêmio na vida. Contudo, se ela tivesse recebido algum, provavelmente teria evitado fazer um discurso de agradecimento porque sente pavor de falar em público. A ansiedade de falar em público sempre foi um grande problema em sua vida. Ela mora com o marido e duas filhas, de 6 e 8 anos, em um lar de classe média. Desde o nascimento das filhas, Sarah trabalhou como dona de casa, mas há dois anos reassumiu um emprego como auxiliar jurídica em um escritório de advocacia.

Sarah sofre com ansiedade social desde o ensino fundamental. Ela conta que seu tempo sozinha com as filhas foi uma trégua do pior de sua ansiedade social, mas, agora que retornou ao trabalho, ela percebe enfim que precisa dar atenção a esse problema. Em sua busca por tratamento, ela disse que precisa ficar menos ansiosa no trabalho e em reuniões sociais, mas que também quer ficar menos ansiosa para ser um modelo melhor para as filhas.

Sarah é afetuosa e solidária. Ela está feliz em seu casamento com Carl, que trabalha como motorista de ônibus. Eles são casados há mais de 10 anos e vivem bem. Seu maior problema é o "transtorno de ansiedade social de sempre". Sarah descreveu-se como "completamente incompetente em termos sociais" e uma "absoluta fracassada social". Ela diz que, quando precisa encarar certas situações de avaliação social, como falar em público, fica apavorada. Sarah descreve esse sentimento como um estado de sintomas corporais intensos caracterizado por aceleração do coração, ruborização da face, tremores e boca seca. Ela disse que a única maneira de fazer parar esses sintomas é se afastando da situação.

Ela sente-se bastante triste e frustrada, porque já perdeu "muitas oportunidades" – por exemplo, ela recusou várias propostas de emprego interessantes – devido à ansiedade social. Ao mesmo tempo, Sarah costuma evitar situações sociais porque tem medo de ser humilhada e constrangida. Se não pode evitá-las, ela as suporta com extremo desconforto e tende a ruminá-las durante muito tempo depois de tais eventos terem transcorrido. Uma das piores situações para ela é ter de ir às reuniões de pais na escola das filhas. Ela quer ser um bom modelo para as filhas e dar-lhes as melhores oportunidades para uma educação de qualidade. Ela tem medo de passar por burra e incompetente e se preocupa que as pessoas a julguem negativamente, o que irá, no fim das contas, afetar a educação das filhas.

Joseph

Joseph, 25 anos, buscou ajuda para tratar sua ansiedade social debilitante, invasiva e prolongada. Joseph evita qualquer contato social com outras pessoas e se sente retraído até mesmo quando interage com os pais e outros parentes. Ele quer companhia, mas não está disposto a se envolver com pessoas, pois se preocupa que vá ser criticado ou rejeitado. Joseph ainda vive na casa dos pais, onde cresceu. Ele se sente preso e isolado e gostaria de ter um emprego e um relacionamento e levar uma vida "normal".

Joseph abandonou os estudos no primeiro ano do ensino médio, quando lhe pediram que apresentasse um trabalho para a turma. Para evitar a tarefa, ele fugiu de casa e passou a noite na rua. Depois que a polícia o encontrou no dia seguinte, os pais começaram a lhe dar aulas em casa. Desde então, Joseph nunca mais voltou à escola nem viu qualquer um de seus colegas novamente. Embora sua família seja muito prestativa e compreensiva, ele também sente que o relacionamento com ela é difícil. Seus pais nasceram e foram criados na Alemanha e emigraram para os Estados Unidos por volta dos 30 anos. Ele descreveu o pai como sendo muito rigoroso, dominador, autoritário e demasiadamente envolvido em sua vida e a mãe como uma pessoa submissa e que evita conflitos. Joseph tem duas irmãs mais velhas. Ele considera a mais nova sua melhor amiga. Ele fala com ela uma vez por semana por alguns minutos ao telefone. Além de ter ansiedade social, Joseph também se sente muito deprimido e se preocupa excessivamente com vários assuntos banais. Embora seja mais atraente que a média, ele se enxerga como alguém de físico não atrativo, socialmente incompetente e inferior aos outros. Em virtude de seus problemas, às vezes ele pensa em suicídio, mas negou qualquer tentativa ou plano de ferir a si mesmo.

Carrie

Carrie, 50 anos, é solteira, trabalha nos correios e se identifica como não binária. Sempre foi muito tímida e sente-se deslocada e deprimida. Carrie não lembra de alguma vez já ter se sentido confortável em situações sociais. Até mesmo no ensino fundamental, tinha "brancos" quando precisava falar para um grupo de pessoas. Evitou ir a festas de aniversário e outras reuniões sociais o quanto pôde ou, quando não podia evitá-las, apenas se sentava quieta em um canto. Na escola, Carrie era muito calada e só respondia a perguntas em sala de aula quando escrevia as respostas com antecedência. Contudo, mesmo nessas ocasiões, muitas vezes só conseguia murmurar algo ou então era incapaz de formular uma resposta clara. Quando conhecia novas crianças, baixava os olhos, temendo que debochassem dela.

À medida que crescia, Carrie tinha alguns companheiros de brincadeira na vizinhança, mas nunca um "melhor" amigo. Suas notas eram relativamente boas, exceto nas disciplinas que exigiam participação nas aulas. Durante a adolescência, ficava especialmente ansiosa em interações informais com outros colegas de turma. Embora Carrie deseje ter um relacionamento, nunca namorou ou chamou outra pessoa para sair devido ao medo de rejeição. Carrie frequentou uma faculdade e se saiu bem por um tempo. No entanto, quando precisou fazer apresentações orais para a turma, Carrie deixou de ir às aulas e acabou abandonando a faculdade. Durante alguns anos depois disso, teve dificuldade de encontrar um emprego porque não acreditava ser capaz de comparecer às entrevistas. Por fim, encontrou algumas ofertas de trabalho que exigiam apenas provas por escrito. Alguns anos atrás, Carrie aceitou um emprego nos correios para o turno da noite. Recebeu muitas ofertas de promoção, mas as recusou porque tinha medo da pressão social. Carrie tem muitos conhecidos no trabalho, mas não amigos de verdade, e evita todos os convites para socializar com os colegas depois do trabalho.

Carrie tem pavor da maioria das interações sociais e as evita o quanto pode. Se não pode evitá-las, prepara-se em excesso e, frequentemente, elabora roteiros para saber o que dizer. Apesar disso, Carrie sente um grande medo quando precisa enfrentar situações sociais. Costuma monitorar-se e observar-se em situações sociais e, muitas vezes, sente-se cansada da própria incompetência. Simplesmente acha que não tem o necessário para lidar com situações sociais. Carrie costuma sentir uma ansiedade avassaladora marcada por fortes sensações fisiológicas, como coração acelerado, palmas das mãos suadas e tremores. Vem tentando controlar a ansiedade em situações sociais com o medicamento propranolol, um betabloqueador. Essa medida tem surtido pouco efeito, de modo que recentemente sua médica aconselhou que experimentasse paroxetina. Contudo, Carrie não gosta da ideia de tomar medicamentos.

Como Sarah, Joseph, Carrie e até mesmo celebridades como Adele, Donny Osmond e Barbara Streisand, a maioria de nós sabe o que é se sentir ansioso e com medo em situações sociais. Mas quando é que, de um problema corriqueiro, isso passa a ser um transtorno mental? É uma pergunta complicada, particularmente em se tratando de algo tão comum como a ansiedade social. Uma característica importante que distingue a ansiedade, enquanto experiência desagradável, de sua apresentação como transtorno é o quanto ela interfere na vida da pessoa. Apesar da ansiedade, Adele, Donny Osmond e Barbara Streisand conseguem funcionar relativamente bem em público. Entretanto, para outros, como Sarah, o nível de ansiedade social nessas situações pode ser tão elevado que causa sofrimento significativo e prejuízo em suas vidas. Essas pessoas costumam fazer escolhas de vida importantes que são ao menos parcialmente baseadas em sua ansiedade social. Como resultado, elas podem: escolher uma carreira que demanda menos contato social; recusar uma promoção para evitar uma conversação formal; permanecer solteiras ou se casarem somente com o intuito de evitar encontros; ou viver isoladas e com pouquíssimos amigos. Assim, uma característica importante que distingue a ansiedade normal da anormal é o nível de desconforto subjetivo e de impacto que ela tem na vida da pessoa. Adiante, daremos uma olhada de perto em como se determina quando a ansiedade social é "normal" e quando é excessiva. Em seguida, olharemos para as razões que explicam por que a ansiedade social é tão persistente, passando por estratégias concretas para abordar especificamente tais razões. Antes, porém, vamos explorar algumas das descobertas evolutivas e científicas a respeito da ansiedade social.

POR QUE ANSIEDADE SOCIAL?

Ser um pouco tímido e introvertido não é um problema. Pelo contrário. Muitos políticos famosos e talvez até alguns de seus amigos e colegas de trabalho bem que poderiam ser um pouco mais introvertidos. Sentir um pouco de ansiedade social pode até ser desejável. Somos sensíveis à raiva, a críticas ou a outros meios de desaprovação social e temos um desejo natural de pertencer e de sermos aceitos por nossos pares. Os primeiros sinais de ansiedade social são encontrados no desenvolvimento típico dos humanos. Por exemplo, entre 8 e 9 meses de idade, os humanos demonstram sinais de ansiedade diante de estranhos. Esse desenvolvimento coincide com o apego crescente à mãe (ou qualquer pessoa que seja sua cuidadora principal). Em outras palavras, quase todos nós já tivemos um pouco de ansiedade pelo menos uma vez ou outra.

Assim, parece que algum grau de ansiedade social é necessário e adaptativo. A pressão evolutiva encoraja a cooperação social. Os grupos têm muito mais chance de sobreviver em comparação com indivíduos sem o suporte de um grupo. Os grupos permitem que os humanos vençam desafios incríveis. Também permitem a delegação de responsabilidades. Em sociedades caçadoras-coletoras, as crianças são criadas pelas mães, enquanto os pais coletam a comida e, ocasionalmente, caçam presas que não poderiam ser capturadas somente por uma pessoa. De modo semelhante, uma matilha de lobos tem consideravelmente mais sucesso na caça do que um único animal. Os grupos fornecem a estrutura social necessária à formação de um metaorganismo – a colmeia, o bando de pássaros, o cardume de peixes e as tribos e os grupos culturais de humanos. Ser parte de um grupo, portanto, é uma necessidade biológica para a sobrevivência. Os psicólogos sociais chamaram isso de *a necessidade de pertencer*.

Os pesquisadores britânicos Peter Trower e Paul Gilbert consideram que o propósito evolutivo da ansiedade social talvez seja facilitar o funcionamento de grupos sociais complexos, aumentando, assim, a probabilidade de sobrevivência de cada membro individual e da espécie humana como um todo (Trower & Gilbert, 1989). De acordo com essa teoria, o acesso a recursos, como comida, parceiros sexuais, espaço pessoal, e assim por diante, está associado a uma posição mais elevada na hierarquia social. Portanto, membros do grupo ou competem por um posto mais alto na hierarquia do grupo ou ao menos tentam manter seu posto atual. De acordo com essa teoria, tal situação levaria a batalhas constantes e implacáveis entre os membros dos grupos, o que poderia por fim prejudicar a sobrevivência de todo o grupo, a não ser que existisse um sistema regulatório em funcionamento para contrabalançar essa tendência.

Trower e Gilbert consideram que a ansiedade social dos membros subordinados em relação aos dominantes do grupo e a disposição a sinalizar submissão constituem esse sistema regulatório porque isso evita ou limita conflitos entre membros do grupo. No entanto, o que pode ter sido verdadeiro durante a fase inicial da evolução humana pode não servir para os dias de hoje. A função de um traço, mesmo que existisse, pode ter mudado ao longo dos milênios. Além disso, é possível que, em algum momento, a ansiedade social tenha tido um valor evolutivo importante para a sobrevivência, talvez pelo fato de ter motivado comportamentos submissos nos membros subordinados e inibido comportamentos agressivos nos membros dominantes, o que pode ter permitido que os membros subordinados permanecessem fazendo parte do grupo social e próximos aos membros dominantes. Desse modo, é possível que a ansiedade social seja a manifestação do instinto de autopreservação. Mas, repito, o que já foi útil um dia é, na sociedade moderna, no mínimo irritante e, na pior das hipóteses, incapacitante. Se os medos sociais interferem em nossas vidas, eles podem então se tornar problemáticos e desadaptativos. Pesquisas subsequentes demonstraram certo apoio ao modelo de Trower e Gilbert e vieram a sugerir que indivíduos com TAS percebem ameaças sociais como desafios aos laços sociais e ao posto relativo que ocupam na hierarquia social (Gilboa-Schechtman et al., 2014; Johnson et al., 2021).

O contato visual parece ocupar um papel especial nas interações sociais humanas. Ele talvez seja a forma mais básica de contato social entre humanos. Os pesquisadores suecos Arne Öhman, Ulf Dimberg e colaboradores acreditam que alguns medos sociais são o resultado de uma "prontidão" biológica para associar com facilidade medo a expressões faciais de raiva, crítica ou rejeição (Öhman, 1986). Na verdade, expressões faciais de raiva e de alegria desencadeiam um padrão distinto de ativação fisiológica – como indicado por atividade eletrodérmica (i.e., atividade elétrica na pele) – mesmo em pessoas não ansiosas (Dimberg & Öhman, 1983; Dimberg et al., 2000). As pessoas podem "aprender" a ter medo de expressões faciais por meio de pareamento de uma imagem de uma face com um estímulo desagradável (como um leve choque elétrico). O tipo de aprendizagem que ocorre nessas circunstâncias é chamado de "condicionamento". Em um típico experimento de condicionamento feito por Öhman e colaboradores, os participantes são expostos a imagens de expressões faciais de alegria, raiva e de caráter neutro, seguidas por um choque elétrico leve, mas desagradável. Isso provoca um aumento na atividade eletrodérmica, resultante de mudanças sutis nas glândulas sudoríparas da pele. Os pesquisadores descobriram que, depois de alguns testes (i.e., apresentações pareadas) de expressões faciais com o choque elétrico, a apresentação das expressões isoladamente desencadearia a mesma resposta eletrodérmica que o choque elétrico. O tipo de aprendizagem que ocorreu é conhecido na psicologia como "condicionamento clássico", um dos mecanismos de aprendizagem mais primitivos. Se as imagens são apresentadas repetidamente sem o choque, a resposta eletrodérmica acaba enfraquecendo. Esse tipo de esquecimento é chamado de "extinção".

É interessante notar que as pessoas demonstram muito mais resistência à extinção no que diz respeito às expressões faciais de raiva do que às neutras ou alegres (Dimberg & Öhman, 1983). Parece que, por alguma razão, a mãe natureza nos permite esquecer semblantes neutros ou alegres, mas não deseja que esqueçamos os raivosos, talvez porque se lembrar de semblantes raivosos nos dá uma vantagem evolutiva ao evitar um dano futuro. Esse efeito só é visto se a pessoa na imagem olhar diretamente para o sujeito. Semblantes raivosos que não estão encarando a pessoa são tão ineficazes quanto os alegres em paradigmas de condicionamento (Dimberg & Öhman, 1983). Sendo assim, o contato visual direto parece ser crucial. Algumas espécies, como certas borboletas, utilizam padrões que se assemelham a grandes olhos para se protegerem de predadores. Em outras espécies, como nossos parentes próximos, os primatas, o contato visual direto também parece ser bastante ameaçador. Evitar o contato visual, por outro lado, é um sinal de submissão e medo. Em humanos, a resposta ao contato visual obviamente é muito alterada por fatores contextuais e de aprendizagem, mas parece estar presente mesmo assim.

Então, o que tudo isso tem a ver com a ansiedade social? Isaac Marks, psiquiatra no Instituto Maudsley em Londres e um dos primeiros cientistas a estudarem o TAS, sugeriu que o medo de ser observado entre os indivíduos com fobia social (agora chamada de transtorno de ansiedade social) é uma exacerbação da sensibilidade humana normal aos olhos (Marks, 1987). Na verdade, demonstrou-se que a vigilância à região dos olhos nas expressões faciais, especialmente aquelas raivosas, é característica de adolescentes com TAS. Adolescentes com TAS parecem demonstrar mais interesse pela região dos olhos do que adolescentes sem TAS (Capriola-Hall et al., 2021).

O contato visual em humanos, porém, não se encontra exclusivamente associado à raiva e à dominação. Ele também se encontra associado à afeição e à compaixão. Os elementos comuns parecem ser a proximidade e a redução do espaço pessoal. Indivíduos que não querem abrir mão ou verem diminuir seu espaço pessoal perceberão o contato visual como ameaçador e desconfortável. Na verdade, indivíduos com ansiedade social extrema às vezes evitam até o contato visual consigo mesmos quando estão se olhando no espelho. Isso pode ser parcialmente explicado por um efeito de generalização da sensibilidade aos olhos (i.e., quaisquer dois círculos pretos próximos um do outro e que lembram dois olhos olhando para você podem causar algum desconforto). Além disso, sabe-se que a exposição ao espelho ocasiona um aumento na atenção autocentrada, que é desconfortável para muitas pessoas com ansiedade social. A exposição ao espelho, combinada com autopercepção e autocrítica negativas, pode, pois, levar ao aumento da ansiedade em algumas pessoas com TAS (Hofmann & Heinrichs, 2003). Voltaremos a esse assunto mais adiante neste livro.

QUANDO A ANSIEDADE SOCIAL SE TRANSFORMA EM UM PROBLEMA

O *Homo sapiens* é um animal social. Nossa espécie obtém grandes feitos que nenhum outro animal consegue alcançar em virtude das estruturas sociais que somos capazes de criar. Temos um forte desejo de formar essas estruturas sociais. Organizamo-nos em cidades e desejamos ficar na companhia uns dos outros. Devido aos nossos contatos sociais próximos, ainda estamos lutando para conter a covid-19 neste exato momento em que escrevo estas palavras. Ao mesmo tempo, nossa estrutura social e cultura criaram a ciência, que provavelmente nos libertará, por fim, da tirania desse vírus. Nada disso seria possível sem o apoio que damos uns aos outros. Sempre que a ansiedade social limita seu apoio social, ela pode se transformar em um problema – um problema sério, inclusive. O apoio social está presente quando ao menos dois indivíduos podem trocar recursos com a intenção de que o provedor desse apoio maximize o bem-estar do receptor. A solidão – a ausência desse apoio social – é um dos maiores fatores de risco para vários problemas diferentes, indo da doença cardíaca ao suicídio. A ansiedade social pode se transformar em um problema se ela nos impede de utilizar o sistema de apoio social com o qual contamos. Para nossa saúde mental, esse sistema nos permite regular eficientemente nossas emoções.

A regulação das emoções – a capacidade de controlar nosso estado emocional – é um aspecto fundamental da socialização humana. Aprendemos desde crianças a responder a situações sociais com base nos estados internos das outras pessoas, e não em seus comportamentos externos, e aprendemos a pensar em nós mesmos em relação à nossa versão passada de "eu" e a prever qual será a versão futura desse mesmo "eu". Tal processo é, em grande parte, influenciado pela forma como nossos cuidadores reagem, verbal e não verbalmente, às nossas emoções e pela maneira como eles expressam e discutem emoções. Mais tarde na vida, a regulação emocional é cada vez mais influenciada pelo nosso contexto de pares. Na condição de adultos, nossos relacionamentos costumam espelhar o laço criança-cuidador, o que significa dizer que respondemos negativamente ao isolamento social e positivamente ao vínculo social e à afiliação. Esses fatores interpessoais são essenciais para a regulação emocional, pois esta se desenvolve dentro de um contexto social e continua a incluir relações sociais ao longo da vida (Hofmann, 2014; Hofmann & Doan, 2018). Parecem existir no mínimo quatro maneiras diferentes pelas quais regulamos nossas emoções por intermédio dos outros (Hofmann et al., 2016): (1) por meio do aumento do nosso afeto positivo (vamos ao encontro dos outros para aumentar sentimentos de felicidade e prazer); (2) mediante a tomada de perspectiva (consideramos as situações vivenciadas pelas pessoas para nos lembrarmos de não nos preocuparmos e de que outros já passaram por circunstâncias piores); (3) para nos acalmar (buscamos as pessoas para obter conforto e empatia); e (4) por meio da modelação social (olhamos para os outros para ver como eles podem lidar com determinada situação). A ansiedade social pode limitar o uso que fazemos dessas importantes estratégias de regulação emocional interpessoal, reduzindo nosso apoio e levando ao isolamento social e à solidão.

QUANDO A ANSIEDADE SOCIAL SE TRANSFORMA EM UM TRANSTORNO

A característica definidora do transtorno de ansiedade social é o medo excessivo da avaliação negativa por parte das outras pessoas. Isso costuma ocorrer quando somos o centro das atenções e quando nos pedem para executar alguma tarefa na frente de outras pessoas. Todos nós somos constantemente expostos a outras pessoas, muitas vezes somos o centro das atenções e com frequência temos de executar tarefas na frente dos outros. Todos já passamos por importantes situações de teste na frente de outras pessoas, como provas orais e apresentações. Contudo, mesmo cotidianamente, precisamos enfrentar tais situações apenas em uma escala menor. Por exemplo, é possível que tenhamos que assinar algo ou conferir o troco na frente de outras pessoas ou dar ou pedir informações para alguém, e assim por diante.

O transtorno de ansiedade social foi reconhecido pela primeira vez como condição psiquiátrica em 1980, com a publicação da terceira edição do *Manual diagnóstico e estatístico de transtornos mentais* (DSM-III), publicado pela American Psychiatric Association (APA, 1980). O objetivo do DSM é definir e descrever todas as condições psiquiátricas conhecidas (i.e., transtornos mentais), das quais uma é o TAS.

O DSM define os transtornos psicológicos ao listar um conjunto de critérios que identificam as características mais importantes de determinado transtorno. A revisão mais recente desses critérios foi publicada em 2005 em sua quinta edição, o DSM-5 (APA, 2013).* A Organização Mundial da Saúde também publica um manual diagnóstico, atualmente em sua décima primeira edição, chamado de *Classificação internacional de doenças* (CID-11). Os critérios do CID-11 para o TAS são muito semelhantes aos do DSM-5.

A seguir, são listados os critérios diagnósticos para TAS presentes na CID-11 (*Classificação internacional de doenças*, Décima Primeira Revisão [CID-11], Organização Mundial da Saúde [OMS] 2019/2021 https://icd.who.int/browse11).

Características essenciais (necessárias)

- Medo ou ansiedade acentuados e excessivos que ocorrem consistentemente em uma ou mais situações sociais, como as interações sociais (p. ex., conversar com alguém), fazer algo achando que está sendo observado (p. ex., comer ou beber na presença de outras pessoas) ou realizar tarefas na frente dos outros (p. ex., discursar).
- O indivíduo se preocupa de que agirá ou sentirá sintomas de ansiedade de um modo que será negativamente avaliado pelos outros (i.e., ser humilhante, constrangedor, levar à rejeição ou ser ofensivo).
- Situações sociais relevantes são evitadas consistentemente ou suportadas com medo ou ansiedade intensos.
- Os sintomas não são passageiros; isto é, eles persistem por um longo período (p. ex., no mínimo alguns meses).
- Os sintomas não são mais bem explicados por qualquer outro transtorno mental (p. ex., agorafobia, transtorno corporal dismórfico, síndrome de referência olfativa).
- Desconforto significativo ao experimentar sintomas persistentes de ansiedade ou prejuízos significativos nas áreas pessoal, familiar, social, educacional, ocupacional ou em outra área importante de funcionamento. Se o funcionamento é mantido, isso só ocorre com esforço adicional significativo.

---

*N. de T. Atualmente em sua 5ª edição revisada, o DSM-5-TR.

A característica definidora é o medo ou ansiedade acentuados e excessivos em uma ou mais situações sociais. Algumas pessoas com TAS têm medo somente de certas situações de desempenho (como falar em público, comer em um restaurante, usar o banheiro público ou escrever enquanto alguém observa), ao passo que outras demonstram uma ampla gama de medos, que podem incluir diversas situações sociais e interacionais (como ser apresentado a pessoas, ir a um encontro ou dizer não para pedidos inconvenientes). Algumas pessoas relatam preocupações sobre sintomas físicos, como rubor de face, sudorese ou tremores, em vez de inicialmente admitirem medos de avaliação negativa.

Crianças não raro passam por períodos de ansiedade social. A ansiedade direcionada a estranhos, por exemplo, é um marco desenvolvimental bem típico. Portanto, é importante não patologizar comportamentos normais. Pessoas com TAS têm medo de agirem de determinada maneira ou demonstrar sintomas de ansiedade que serão avaliados de forma negativa pelos outros, causando, invariavelmente, uma ansiedade intensa. Então, elas evitam algumas – ou várias – situações sociais ou as suportam com extremo desconforto. Como já dito, a ansiedade social é bastante comum. Portanto, o grau de ansiedade deve ser considerado em relação às normas sociais e culturais. Além disso, essa ansiedade não é considerada um problema clínico a não ser que cause desconforto ou prejuízo significativos à pessoa, que não seja atribuível aos efeitos de uma substância ou a outra condição médica e dure no mínimo seis meses. Assim, o limiar para um diagnóstico de TAS é bastante alto, pois não se pode atribuir um diagnóstico de TAS quando a ansiedade social for causada por outros problemas.

No fim das contas, a ansiedade social é um problema (diagnosticável) somente se uma ou mais situações sociais quase sempre causam extrema ansiedade que é excessiva, persistente e desconfortável ou que interfira em sua vida. A avaliação sobre se a ansiedade social de fato é "excessiva" e se está "interferindo" é obviamente subjetiva e dependente da cultura, e irá depender, em última instância, da definição do próprio indivíduo.

Quando a ansiedade social atinge o limiar para o diagnóstico clínico, ela costuma se tornar um problema muito debilitante e inconveniente. Algumas pessoas vivem suas vidas de forma isolada e solitária, outras escolhem carreiras que estão bem abaixo de suas capacidades, a fim de evitar contato social, outras tomam remédios controlados para se sentirem confortáveis em situações sociais, outras, ainda, ficam dependentes de drogas ou álcool como resultado da ansiedade social. Pesquisas confirmaram isso. Um dos primeiros estudos sugerindo que o TAS é um problema grave foi conduzido por

Frank Schneier, Michael Liebowitz (já falecido) e colaboradores da Columbia University. Os autores entrevistaram 32 pessoas com TAS para examinar o grau de interferência desse transtorno na vida das pessoas (Schneier et al., 1994). Esse grupo foi comparado com 14 indivíduos que não receberam o diagnóstico de TAS. Os resultados demonstraram que indivíduos com TAS foram classificados como mais prejudicados do que aqueles sem TAS em quase todas as áreas de suas vidas, incluindo educação, trabalho, família, relacionamentos românticos e amizades. Mais da metade das pessoas com TAS relataram ao menos prejuízo moderado em algum momento de suas vidas. Estudos mais recentes (p. ex., Stein et al., 2000; Wong et al., 2012) encontraram resultados muito parecidos, demonstrando, inclusive, que quanto mais medos sociais uma pessoa tinha, maiores eram os prejuízos que sofria (Stein et al., 2000).

Em um estudo mais antigo, Murray Stein e colaboradores canadenses examinaram mais especificamente o impacto da ansiedade de falar em público na vida das pessoas (Stein et al., 1996). Os autores queriam examinar se esse problema tão comum tinha algum efeito notável na vida das pessoas. Os autores convidaram aleatoriamente 499 moradores de Winnipeg, Manitoba (um local bem frio no Canadá) e perguntaram se eles sentiam medo excessivo quando convidados a falar para uma plateia numerosa. Um terço de todos os respondentes relataram que sofriam com a excessiva ansiedade de falar em público. Perguntas posteriores revelaram que a maioria dessas pessoas (90%) havia desenvolvido essa ansiedade por volta dos 20 anos. Ao todo, 49 das 499 pessoas que foram entrevistadas (10%) relataram que essa ansiedade já lhes havia causado acentuado desconforto ou resultado em uma interferência acentuada no trabalho, na vida social ou na educação. É interessante notar que a ansiedade de falar em público isoladamente (i.e., desacompanhada de algum outro medo social) não é muito comum. Somente 23 pessoas relataram ansiedade em situações de falar em público isoladamente (5%). Essa descoberta é corroborada na literatura: a ansiedade social raramente se limita a apenas uma situação, como falar em público, e situações de desempenho ocasionam desconforto e interferência significativos na vida da pessoa.

A ANSIEDADE SOCIAL É DIFUSA

Uma vez definido qual é o problema, precisamos nos perguntar o quão comum ele é. Os pesquisadores se surpreenderam com o quão comum o problema era. Estudos epidemiológicos (i.e., estudos que avaliam o quão comuns são as condições psiquiátricas na população geral) demonstraram que a taxa de prevalência ao longo da vida do TAS nas culturas ocidentais gira em torno de 13% da população. Isso significa que cerca de 13 em cada 100 pessoas se enquadram ou já se enquadraram nos critérios para esse transtorno em algum momento de suas vidas. Esses dados se basearam amplamente no trabalho de Ronald Kessler, um epidemiologista da Harvard University, e colaboradores. Em um estudo, sua equipe entrevistou mais de 8 mil pessoas com idade entre 15 e 54 anos vivendo em 172 países e em 34 estados norte-americanos (Kessler et al., 1994). Os resultados mostraram que 13,3% dos estadunidenses se enquadraram nos critérios diagnósticos do DSM para o TAS em pelo menos algum momento de suas vidas, e 8% se enquadraram nesses critérios dentro do último ano da entrevista, fazendo do TAS o terceiro transtorno mental mais comum na população dos Estados Unidos, com um pouco mais de mulheres se enquadrando nos critérios diagnósticos do que homens. Apenas a depressão e os problemas com álcool são mais comuns. O TAS é muitas vezes associado à depressão e ao abuso de álcool e drogas, possivelmente porque as pessoas ficam deprimidas devido ao TAS e fazem uso de álcool ou drogas para se sentirem mais confortáveis em situações sociais. Contudo, nem todas as pessoas com ansiedade social são depressivas ou fazem uso de álcool ou drogas. Na verdade, menos de um terço dos indivíduos com TAS desenvolvem tais problemas.

Seu enquadramento nos critérios do TAS só pode ser determinado por meio de uma entrevista diagnóstica realizada por um profissional de saúde mental. Contudo, vejamos como você está em comparação com as outras pessoas. Por favor, dê uma nota para seu medo, em uma escala de 0 (nem um pouco) a 10 (bastante), das seis situações sociais a seguir:

1. Ir a um primeiro encontro.
2. Usar o telefone.
3. Ser apresentado a pessoas.
4. Conhecer figuras de autoridade.
5. Ser provocado.
6. Ser observado pelos outros.

Se você deu nota 4 ou mais para quatro ou mais dessas seis situações, pode ser que sua ansiedade social seja de um subtipo generalizado (o que é o caso em quase 30-50% de todas as pessoas com TAS). O subtipo generalizado de TAS era um subtipo diagnóstico nas edições mais antigas do DSM.

Embora essa categoria não faça mais parte do DSM-5, ela ainda é um bom marcador da gravidade da ansiedade social. Se você não deu uma nota 4 ou maior que 4 para quatro ou mais dessas situações, sua ansiedade social ou é menos extrema ou limitada a apenas algum tipo de situação social, como falar em público. Nesse caso, ainda é possível que você se enquadre nos critérios do TAS.

A fim de determinar quais situações são as mais causadoras de medo para sua personalidade, costuma ser útil estabelecer uma "hierarquia de medo e evitação". Isso envolve listar as 10 situações que mais lhe causam medo em uma hierarquia, com o primeiro lugar sendo daquela que causa mais medo, com o segundo sendo daquela que causa a segunda sensação de medo mais intenso, e assim por diante, juntamente a notas para seu nível de medo e evitação.

Vamos ilustrar isso tudo a partir de um exemplo concreto dessa hierarquia. Consideremos Sarah. A situação mais causadora de medo para ela é falar na reunião de pais na escola das filhas. Embora esteja com muito medo da situação (ela deu nota 100 em uma escala de 0-100), ela nem sempre pode evitá-la (ela deu nota 90 para sua evitação). Até mesmo comparecer à reunião, sua segunda posição no *ranking*, produz bastante ansiedade (80). Quando olhamos mais de perto as várias situações que ela listou, fica claro que todas elas têm a ver com interações sociais ou apresentações formais ou informais. A hierarquia de medo e evitação de Sarah é apresentada na Tabela 1.

Qual é a sua hierarquia pessoal de medo e evitação? Saber disso pode ajudá-lo com o plano de intervenção que discutiremos mais adiante. Por favor, faça a sua própria "Hierarquia de medo e evitação". Você encontra uma cópia em branco desta tabela em loja.grupoa.com.br.

AS VÁRIAS FACES DA ANSIEDADE SOCIAL

Vamos dar uma olhada em como a ansiedade social se expressa. Joseph e Carrie temem praticamente todas as situações sociais e têm as evitado durante a vida inteira. A situação mais temida por Sarah é fazer uma apresentação nas reuniões matinais de quarta-feira. Tenho certeza de que você consegue se identificar com esses exemplos. Imagine que você precise dar uma palestra importante para uma grande plateia. Caso não pudesse evitar essa situação completamente, ou tomar algum medicamento ou álcool para reduzir seu nível de ansiedade, o que você sentiria?

TABELA 1 Hierarquia de medo e evitação de Sarah

Situação social	Medo (0-100)	Evitação (0-100)
Meu pior medo: Expressar minha opinião em uma reunião de pais na escola	100	90
Meu 2º maior medo: Ir à reunião de pais	80	80
Meu 3º maior medo: Falar com um professor	80	80
Meu 4º maior medo: Sentar-me ao redor de uma grande mesa de reunião para discutir assuntos	80	60
Meu 5º maior medo: Fazer uma apresentação para estagiários	80	60
Meu 6º maior medo: Conversar com colegas de trabalho	70	70
Meu 7º maior medo: Apresentar-me a colegas de trabalho	70	20
Meu 8º maior medo: Ir a uma festa	50	60
Meu 9º maior medo: Conduzir uma reunião por chamada de vídeo	50	10
Meu 10º maior medo: Distribuir tarefas desagradáveis para os estagiários	30	10

A ansiedade se manifesta de três maneiras diferentes (ver Figura 1), a saber: na forma de pensamentos (o que pensamos), de sintomas corporais (o que sentimos) e de comportamentos (como agimos). Por exemplo, se eu o forçasse a fazer um discurso de improviso para estranhos, é possível que você sentisse medo intenso e muita ansiedade. Seu coração poderia acelerar, e suas mãos ficariam geladas (os sintomas corporais); você poderia pensar: "Vou passar vergonha" e "As pessoas vão achar que sou burro" (os pensamentos), de modo que ficaria tenso e tentaria fugir da situação (os comportamentos).

Ao se deparar com uma situação potencialmente ameaçadora (p. ex., ter de falar em público), é possível que você sinta diversas sensações fisiológicas (p. ex., tremores). Como resultado, você provavelmente terá uma cognição

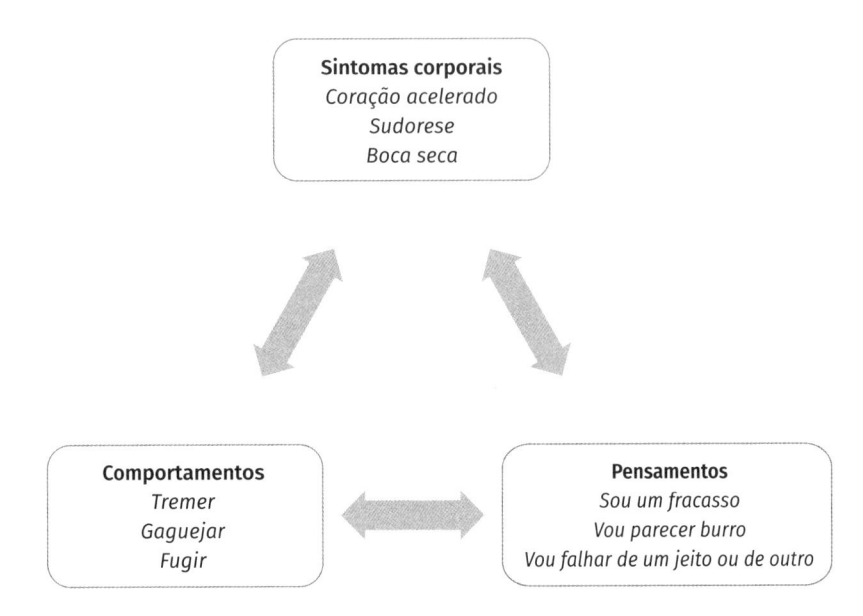

```
                    ┌─────────────────────┐
                    │  Sintomas corporais │
                    │  Coração acelerado  │
                    │       Sudorese      │
                    │      Boca seca      │
                    └─────────────────────┘
                         ↑           ↓
                         ↓           ↑
┌──────────────────┐                   ┌──────────────────────────────────┐
│  Comportamentos  │                   │           Pensamentos            │
│      Tremer      │  ⇔                │        Sou um fracasso           │
│     Gaguejar     │                   │       Vou parecer burro          │
│       Fugir      │                   │ Vou falhar de um jeito ou de outro │
└──────────────────┘                   └──────────────────────────────────┘
```

FIGURA 1 Os três componentes da ansiedade social (*copyright* Stefan G. Hofmann, 2022).

negativa, ou pensamento, predizendo fracasso ou perigo (p. ex., "Sou um fracasso"), que, por sua vez, só servirá para aumentar seus níveis de ativação fisiológica. À medida que essas sensações físicas aumentam, você possivelmente será menos capaz de se concentrar na tarefa à sua frente. E, em vez de aliviar a ansiedade com estratégias de enfrentamento (p. ex., "Se eu me esquecer de algo, posso recorrer às minhas anotações"), suas cognições desadaptativas se tornarão mais intensas (p. ex., "Se eu falhar, todos vão me achar burro e despreparado"). O resultado provavelmente será um aumento considerável dos níveis de ansiedade, bem como um desempenho ruim ou a evitação da situação ansiogênica (p. ex., "Vou ligar dizendo que estou doente no dia da apresentação").

Essa é uma resposta desadaptativa à ameaça. Existem maneiras alternativas e mais adaptativas de lidar com a situação. Por exemplo, após perceber o sintoma físico da ansiedade, você pode praticar respostas mais racionais (p. ex., "Todo mundo fica nervoso antes dessas apresentações") para impedir que haja um aumento dos sintomas físicos. Continuando com frases encorajadoras para si mesmo (p. ex., "Eu posso errar um pouco, e minha fala ainda pode ser boa), sua ansiedade permanecerá em um nível razoável. Como resultado, seu funcionamento provavelmente não sofrerá perturbações, e o desfecho será bom. A partir do senso de domínio que resultará da experiência, você terá mais chances de obter respostas mais adaptativas no futuro. Vamos olhar com mais atenção os seguintes aspectos do medo: o componente corporal, os pensamentos e os comportamentos.

O componente corporal

O componente corporal do medo extremo pode ser observado na forma de ataques de pânico. Um ataque de pânico é um episódio breve de medo extremo. Às vezes, esses episódios surgem do nada e sem razão aparente (como no transtorno de pânico); às vezes, aparecem ligados a situações ou objetos específicos, como quando se está falando com um estranho ou fazendo um discurso. Portanto, ataques de pânico também podem ter um papel importante na ansiedade social, como é o caso para outros estados de medo e ansiedade aguda. Um ataque de pânico em geral dura poucos minutos e se associa a sensações corporais intensas, como taquicardia, vertigem/tontura, falta de ar, sudorese, tremores, formigamento nas mãos e nos pés, dor no peito, náuseas, sensação de choque e sentimentos de irrealidade. Como já dito, os ataques de pânico podem ocorrer em várias situações distintas. Eles costumam ser desencadeados por – ou tendem a ocorrer mais em – uma determinada situação (como uma situação social). Em outros momentos, os ataques podem vir de modo completamente inesperado. Os ataques de pânico estão intimamente associados ao que chamamos de *sistema de resposta de luta ou fuga*. Eles são a expressão de um sistema de alarme inato com o qual a mãe natureza nos equipou, que costumava servir a um importante papel de sobrevivência. Em geral, esse sistema de alarme dispara quando enfrentamos um perigo real. Esses são os "verdadeiros alarmes". O perigo inerente das situações sociais não é uma ameaça à nossa vida, e sim ao nosso *status* na hierarquia social. Podemos perceber uma situação social como perigosa se ela ameaça nossa posição na hierarquia social, o que afeta nosso valor próprio, nossa autoestima e nossa autoconfiança.

Assim como ocorre com os alarmes de incêndio, nosso sistema de alarme para ameaças sociais pode disparar mesmo que não exista um perigo real. Esses ataques são chamados de "alarmes falsos". Como você sabe, alarmes falsos podem ocorrer por vários motivos. Cozinhar, fumar um cigarro ou mesmo o vapor de um banho quente podem disparar o alarme de fumaça, embora não exista perigo real (i.e., fogo). De modo semelhante, nosso sistema de alarme inato pode ser disparado por várias coisas distintas que não nos colocam em perigo real. *Acreditar* que estamos em perigo já é o suficiente para o alarme disparar. Pelo fato de comumente termos que atuar em situações sociais, tais alarmes falsos podem nos distrair da tarefa à nossa frente e perturbar nosso desempenho, influenciando-nos a perceber situações de desempenho como uma ameaça ainda maior.

O componente cognitivo

Os pensamentos (também conhecidos como cognições) associados a situações temidas costumam ser bem específicos à natureza da situação em particular. Sigamos com a situação mais temida por Sarah: falar em público. Falar em público é, na verdade, a situação social mais comumente temida. Para ver como você se sai em relação à maioria das pessoas nessa situação social específica, minha colaboradora Patricia DiBartolo e eu desenvolvemos e testamos um instrumento breve e útil – a escala Self-Statements during Public Speaking (SSPS) – para mensurar um aspecto importante de sua ansiedade de falar em público: seus pensamentos relacionados a falar em público (Hofmann & DiBartolo, 2000). Pesquisas demonstraram que pessoas com TAS têm muitos pensamentos negativos e poucos positivos quando estão pensando sobre situações sociais. Vejamos como você se sai em comparação com outras pessoas no que diz respeito a seus pensamentos relacionados ao falar em público seguindo estes passos:

Passo 1: Por favor, imagine o que você costuma sentir e pensar durante qualquer situação que envolva falar em público. Ao imaginar essas situações, o quanto você concorda com as declarações a seguir? Por favor, dê uma nota para o quanto concorda em uma escala de 0 (não concordo nem um pouco) a 5 (concordo plenamente). Escreva o número correspondente a cada item em um caderno ou em seu *smartphone*.

1. O que você tem a perder? Vale a pena tentar.
2. Sou um fracasso.
3. Esta situação é estranha, mas eu dou conta.
4. Um fracasso nesta situação seria mais uma prova da minha incapacidade.
5. Mesmo que as coisas não terminem bem, não é nenhuma catástrofe.
6. Eu dou conta de tudo.
7. O que eu vou dizer provavelmente vai parecer burrice.
8. É provável que eu fracasse de qualquer modo.

9. Em vez de me preocupar, eu poderia me concentrar naquilo que gostaria de dizer.
10. Sinto-me deslocado e burro; eles certamente notarão.

Passo 2: Agora, some suas notas para os itens 1, 3, 5, 6 e 9. Esse é seu escore na escala "Positive Self-Statement Scale" (SSPS-P). Em seguida, some suas notas para os itens 2, 4, 7, 8 e 10. Esse é seu escore na escala "Negative Self--Statement Scale" (SSPS-N). Para que você tenha uma referência, universitários têm um escore médio em SSPS-P entre 15 e 16 e um escore médio em SSPS-N entre 7 e 8. Por sua vez, pessoas com TAS pontuam, em média, dois pontos a menos em SSPS-P (entre 13-14) e um pouco acima de 12 em SSPS-N.

Obviamente, você pode estar sofrendo com TAS mesmo que faça mais de 16 em SSPS-P e menos de 7 em SSPS-N. Cerca de 70% das pessoas com TAS que se sentem ansiosas durante uma fala em público obtêm um escore entre 7 e 19 em SSPS-P e entre 6 e 18 em SSPS-N. Em contrapartida, aproximadamente 70% dos universitários obtêm escores de SSPS-P entre 11 e 20 e de SSPS-N entre 2 e 12. Isso demonstra que a distribuição dos escores entre ansiosos e não ansiosos se sobrepõe. Em outras palavras, certamente é possível que você sofra com TAS, mas tenha escores menores em SSPS-N e maiores em SSPS-P do que alguns estudantes não ansiosos. Contudo, em média, pessoas com TAS obtêm escores mais altos em SSPS-N e mais baixos em SSPS-P do que pessoas não ansiosas. Escores elevados de SSPS-N sugerem, em particular, que sua ansiedade de falar em público seja atipicamente alta. Por exemplo, se seu escore em SSPS-P é de 15,5 e seu escore em SSPS-N é de 7,5, você está dentro das normas para uma população universitária. Por outro lado, se seus escores em SSPS-P e SSPS-N são de 13,5 e de 12,5, está dentro da população de pessoas com TAS.

O componente comportamental

Fugir – o aspecto "fuga" do sistema de resposta de luta ou fuga – parece ser a resposta mais natural e eficaz para eliminar o sofrimento. Contudo, devido às convenções sociais e sanções sociais negativas, costuma ser bastante difícil escapar de uma situação. Portanto, as pessoas utilizam outros comportamentos para reduzir ou eliminar a ansiedade. O mais eficaz depois da fuga provavelmente é a evitação (não se engajar com a situação, para começo de conversa). Alguns outros comportamentos possíveis são tomar algum ansiolítico e consumir álcool ou chá antes do evento. Nenhum desses comportamentos ajuda. Nunca. Alguns ansiosos tentam reduzir a ansiedade distraindo-se, pensando repetidamente sobre certa frase ou música, imaginando estar em outro lugar ou visualizando a plateia sem roupa. Muitas dessas assim chamadas "estratégias de enfrentamento" são recomendadas em outros livros sobre ansiedade de falar em público. Outras pessoas realizam rituais supersticiosos bizarros na tentativa de reduzir a ansiedade antes ou durante situações sociais. Em alguns casos, esses rituais são até mesmo realizados em público e por ele reforçados, como fazem muitos atletas profissionais.

As pessoas fazem essas coisas para sentir que têm algum controle sobre uma situação aparentemente incontrolável, o que a torna menos desconfortável. Dito de outra forma, o propósito desses comportamentos é evitar o sentimento de ansiedade em situações sociais. Portanto, todos esses comportamentos (fazer rituais, tomar medicamentos ou consumir álcool, distrair-se, interromper um discurso e sair ou não se engajar com a situação) levam à evitação do medo. Daqui até o final deste livro, definirei evitação de maneira ampla como *qualquer coisa que você faça ou deixe de fazer que o impeça de enfrentar seu medo*. Por favor, observe que essa definição não se restringe apenas a se recusar a se engajar em uma situação temida. A definição também inclui escapar da situação temida, tomar medicamentos, distrair-se, fazer uso de técnicas de respiração... *qualquer coisa* que o impeça de enfrentar seu medo.

Os três componentes da ansiedade social (pensamentos, comportamentos e sintomas corporais) se encontram intimamente conectados por meio de um ciclo de *feedback* positivo, que pode facilmente virar um ataque de pânico. Consideremos, por exemplo, que seu chefe entre no escritório e lhe peça para fazer uma apresentação sobre algum assunto com o qual você não está muito familiarizado para um grupo numeroso de pessoas em alguns minutos. Você pode pensar: "Tem zero chance de eu conseguir fazer isso"; "Vou ser humilhado" (componente cognitivo). Você pode sentir o coração batendo mais rápido e seus músculos tensos (componente corporal). Você também pode pensar: "Estou tão nervoso"; "Tenho certeza de que vou estragar tudo"; "Não consigo fazer isso" (novamente, o componente cognitivo). Você pode, então, conferir o relógio a cada segundo e começar a andar pelo escritório (componente comportamental); pode, ainda, pensar de novo: "Realmente não tem jeito de eu fazer isso" (componente cognitivo), pode se sentir suado e com calor (componente corporal) e talvez, por fim, dê uma desculpa para justificar sua impossibilidade de fazer a apresentação no momento presente (componente comportamental). Esse exemplo ilustra como os diferentes componentes da ansiedade interagem e se retroalimentam.

Os cientistas comumente se referem a essa reação de medo como a resposta de luta ou fuga. A reação de medo é conceitualizada como um sistema de alarme que é ativado se percebemos uma situação como ameaçadora ou insegura. A mãe natureza nos dotou desse sistema de resposta porque ele maximiza nossas chances de sobrevivência na natureza. Entretanto, em razão do desenvolvimento cultural dos humanos, certos comportamentos evolutivamente adaptativos se tornaram rudimentos irritantes de tempos antigos. Por exemplo, muitas pessoas têm medo de cobras, aranhas e outros animais que são potencialmente ameaçadores na natureza, mas que não representam ameaça real na civilização moderna. Contrariamente, a evolução não nos forneceu um sistema de alarme que nos proteja dos perigos reais de nosso mundo atual, como tocar em tomadas elétricas ou beber alvejante. Em outras palavras, alguns medos, em particular aqueles que foram evolutivamente adaptativos, são mais comuns e mais facilmente adquiridos do que outros. Aparentemente, a evolução nos preparou para que adquiríssemos certos medos – incluindo os sociais –, mas não outros. E, com certeza, nem todos adquirimos, ou mantemos, tais medos.

ENTÃO, POR QUE EU?

Não existe resposta fácil para essa pergunta, e diferentes pessoas desenvolvem ansiedade social por diferentes razões. Algumas pessoas são tímidas a vida toda e se sentem desconfortáveis em qualquer situação social. Elas também podem ter tido pais ou irmãos que eram socialmente ansiosos e crescido em um ambiente excessivamente protetor e crítico. Outras pessoas podem se lembrar de algum período específico quando começaram a ter problemas em situações sociais. Algumas vezes, elas relatam um evento relacionado à fala que foi bastante desconfortável e que precipitou o problema. Em outros casos, o medo de situações sociais e do fracasso gradualmente se fortalece ao longo dos anos à medida que as demandas de desempenho social se tornam cada vez mais importantes.

Não existe uma única teoria psicológica que consiga explicar conclusivamente o porquê de certas pessoas desenvolverem ansiedade social e outras não. Seus genes, sua criação e suas experiências prévias são todos fatores que contribuem em graus distintos. Há indícios na literatura de que o TAS se encontra associado a diferenças estruturais e metabólicas no cérebro. Imagine o cérebro como uma casa. Embaixo, na fundação, está o porão, com uma fornalha, disjuntores elétricos, o encanamento, e assim por diante, ao passo que, nos pisos em cima, estão os quartos, escritórios, cozinha, etc. Como em uma casa, a fundação do cérebro foi construída primeiro, pela evolução, e representa as áreas mais primitivas e evolutivamente conservadas, ao passo que, na parte de cima, se situam as áreas frontais do córtex. Uma pesquisa sobre o TAS descobriu evidências de anormalidades na resposta de estresse. Essa pesquisa sugere que há uma atividade intensa das chamadas "regiões cerebrais *bottom-up*" envolvidas no processamento emocional e pouquíssima atividade das regiões cerebrais chamadas "*top-down*" envolvidas na avaliação cognitiva e na regulação emocional (Phan & Klumpp, 2014). Outra pesquisa descobriu anormalidades no funcionamento de neurotransmissores – moléculas que enviam informações de um neurônio para outro no cérebro. Com base em resultados de estudos sobre farmacoterapia, parece que o TAS está associado a um desequilíbrio em alguns neurotransmissores (Blanco et al., 2014).

Também sabemos que membros de uma mesma família tendem a demonstrar um risco compartilhado de desenvolverem ansiedade social, o que sugere que há contribuição da genética para a ansiedade social. Se seus pais são pessoas que sofrem com ansiedade social, você tem mais chances de desenvolver ansiedade social do que alguém cujos pais não têm. A disposição genética para desenvolver o TAS está intimamente ligada a certas variáveis temperamentais. Em particular, a timidez, um dos fatores de temperamento mais herdáveis, encontra-se intimamente relacionada ao TAS. Jerome Kagan, psicólogo do desenvolvimento de Harvard, acreditava que a ansiedade social se relacionava intimamente a uma variável temperamental que ocorre cedo na infância, chamada de *inibição comportamental*. A inibição comportamental é definida como uma resposta comportamental inibida ou de evitação a eventos estranhos e inesperados. Ela está diretamente ligada a um limiar baixo de excitabilidade da amígdala, uma pequena estrutura cerebral envolvida no processamento emocional das informações. Estudos descobriram que a inibição comportamental na infância, um sinal precoce da timidez, encontra-se intimamente ligada à ansiedade social e ao TAS na adolescência (Kagan, 2014a, b). Crianças com esse traço demonstram medo, timidez e cautela quando se deparam com novas pessoas, objetos ou eventos. Kagan e colaboradores também descobriram que pais de crianças que eram inibidas aos 21 meses de idade eram significativamente mais propensos a se enquadrarem nos critérios diagnósticos do TAS (17,5%) do que pais de crianças desinibidas (0%) e pais cujas crianças não eram nem inibidas nem desinibidas (2,9%).

Contudo, muitas pessoas tímidas ou inibidas no comportamento quando crianças não desenvolvem TAS posteriormente durante a vida adulta. Isso sugere que o TAS é causado por diversos fatores e que as pessoas podem também se livrar da ansiedade social por vários outros fatores, incluindo os relacionamentos familiares e com os pares, outros traços de personalidade e fatores culturais (Henderson et al., 2014). As taxas mais elevadas de TAS são relatadas nas Américas, na Nova Zelândia e na Austrália, ao passo que as menores se encontram nos países asiáticos (Brockveld et al., 2014). A razão para essas diferenças culturais pode ser a tendência das culturas ocidentais de valorizar mais os comportamentos extrovertidos e individualistas, ao passo que as culturas do leste asiático valorizam mais estilos quietos e introvertidos (Hofmann et al., 2010).

Em resumo, a literatura sugere que a ansiedade social – juntamente a seus precursores, timidez e inibição comportamental – está presente em famílias e é mais prevalente em certas culturas. Existem muitas razões possíveis pelas quais você pode estar sofrendo com esse problema. A ansiedade social se deve, ao menos em parte, a fatores genéticos. Entretanto, isso não significa que não se pode abordá-la de maneira eficaz com intervenções psicológicas. Muito pelo contrário. Existem estratégias muito eficazes e relativamente objetivas que irão ajudá-lo a ter sua vida de volta. Sarah, Joseph e Carrie são pessoas diferentes com histórias diferentes, com fraquezas, forças e recursos distintos. Contudo, todos compartilham um problema parecido – a ansiedade social –, que se manifesta de diferentes maneiras e que tem como causa fatores distintos. As razões pelas quais sua ansiedade social se desenvolve primeiramente (os fatores precipitantes) costumam ser bastante diferentes das razões pelas quais o problema ainda existe (os fatores mantenedores). Falaremos mais sobre isso no próximo capítulo. Acontece que esses fatores mantenedores respondem muito bem aos tratamentos psicológicos, mesmo que os fatores precipitantes sejam biológicos ou até mesmo genéticos por natureza. Este livro irá lhe ensinar estratégias para abordar os vários fatores mantenedores de sua ansiedade social com o objetivo de ter sua vida de volta. Algumas dessas estratégias serão mais relevantes do que outras para seu problema em particular. A fim de determinar qual estratégia é mais eficaz, meu conselho é que você tente todas primeiro e, depois, volte àquelas que parecem mais eficazes. Seja paciente e empático consigo mesmo, mas também seja persistente. Você verá que elas funcionarão!

2

E a coisa continua... Mas por quê?

Quando algo não vai bem, em geral tentamos compreender a causa, pois, às vezes, conhecê-la nos aponta a solução. Contudo, muitas outras vezes, as razões de um problema ter começado e as razões de ele persistir são duas coisas bem diferentes. Na verdade, mais importante do que saber as razões pelas quais a ansiedade social começou (os fatores precipitantes) é saber as razões pelas quais ela ainda está presente (os fatores mantenedores). Os fatores que inicialmente causam um problema raras vezes, se é que alguma vez, são os mesmos que o mantêm. E, de maneira semelhante, conhecer os fatores que mantêm um problema não nos revela quase nada sobre os fatores que inicialmente o causaram.

Por exemplo, se você for ao médico com o braço quebrado, ele lhe pedirá um raio X e engessará seu braço. É irrelevante se você quebrou o braço porque caiu de uma árvore, porque sofreu um acidente esquiando ou porque seu amigo o convenceu a praticar *bungee jumping*. O tratamento é o mesmo, independentemente da razão inicial que explica o problema. Em outras palavras, a fim de tratar o problema (dor no braço) de modo eficaz, é importante conhecer o que o mantém (osso quebrado), e não o que a princípio o gerou (o tipo de acidente). Isso não quer dizer que a história do problema seja irrelevante, e sim que ela não é essencial à busca de soluções para corrigi-lo.

Para complicar ainda mais as coisas, um tratamento eficaz nos diz pouco sobre os fatores precipitantes, e mais de um tratamento pode eliminar um problema por mecanismos distintos. Por exemplo, se estiver com uma dor de cabeça intensa, talvez você tome uma aspirina. Isso não significa que existem "sensores de aspirina" no cérebro que detectam uma espécie de "deficiência de aspirina". Ao contrário, a aspirina inibe a ação de algumas substâncias parecidas com hormônios (prostaglandinas) envolvidas em lesões e inflamação que intensificam o sinal de dor. É possível que você também pudesse ter se livrado da dor de cabeça usando outros medicamentos, ou talvez simplesmente tirando um cochilo, fazendo alguns exercícios de relaxamento, comendo ou bebendo cafeína.

Portanto, os fatores que inicialmente criaram o problema (como características de personalidade, experiências passadas, ambiente de aprendizagem) não são iguais aos que o mantêm. Os tratamentos para a ansiedade social funcionam porque têm como foco os fatores mantenedores. Em geral, existem muitos fatores responsáveis pela manutenção do problema. Portanto, diferentes tratamentos funcionam porque eliminam diferentes fatores mantenedores. Neste capítulo, discutiremos alguns dos fatores mais importantes que levam à manutenção da ansiedade social. Primeiro, porém, quero apresentar-lhe um breve resumo. Está tudo certo se nem tudo fizer sentido imediatamente. As coisas ficarão claras à medida que passarmos por todos esses diferentes aspectos.

FATORES MANTENEDORES

A ansiedade social, o medo de situações sociais, é algo muito interessante. Você enfrenta constantemente situações sociais no dia a dia. Pense com que frequência você interage com pessoas ao longo do dia. Ainda assim, sem tratamento, a ansiedade social pode persistir por muitos anos ou décadas. O que faz essa ansiedade permanecer? Por que as pessoas não se acostumam com ela? Ao longo das últimas duas décadas, meus colaboradores e eu nos aprofundamos nesse assunto. Pesquisamos muito, integramos a literatura e os estudos existentes e desenvolvemos um abrangente modelo de manutenção do transtorno de ansiedade social (TAS) (Hofmann, 2007; Hofmann & Otto, 2008).

No núcleo do TAS, existe um enorme ciclo de *feedback* (retroalimentação) que se inicia com apreensões sociais e vai até a evitação. Esse círculo vicioso começa quando se está em uma situação social que causa ansiedade (ou ansiogênica). Você se sente apreensivo nessa situação em parte porque percebe um padrão elevado de aceitação social. Então, deseja passar uma boa impressão para os outros, embora duvide de sua capacidade de fazê-lo, parcialmente porque não consegue definir metas nem selecionar estratégias comportamentais específicas alcançáveis para atingi-las. Isso faz sua apreensão social e atenção autocentrada aumentarem, o que desencadeia várias respostas cognitivas bastante inter-relacionadas. Especificamente, você exagera a probabilidade da ocorrência de contratempos sociais e os possíveis custos sociais envolvidos em situações sociais. Você pode presumir que corre o risco de se comportar de um modo inadequado e inaceitável, além de acreditar que isso resultará em consequências desastrosas, como ser banido de um grupo que valoriza. Você pode se sentir como se tivesse pouquíssimo controle sobre sua resposta de ansiedade em situações sociais e exagerar a visibilidade que suas respostas ansiosas têm para as outras pessoas, o que muito provavelmente aumentará seu medo de se comportar de uma maneira inaceitável, alimentando, então, o medo da rejeição.

Como se pode observar, tais respostas se encontram intimamente associadas umas às outras e à tendência de perceber a si mesmo de uma forma negativa em situações sociais. A ativação de um fator leva a outro, e todos eles alimentam a ansiedade social. Como resultado, é possível que você se engaje em comportamentos de evitação e/ou segurança, seguidos de ruminação pós-evento, como ir a uma festa, mas conversar somente com amigos próximos, ou reproduzir, no dia seguinte, cada conversa que teve. Esse ciclo se retroalimenta, levando, por fim, à manutenção e à futura exacerbação do problema.

A Figura 2 retrata vários desses possíveis fatores mantenedores e como eles influenciam uns aos outros. Alguns fatores são mais importantes para algumas pessoas do que para outras. Contudo, talvez você se identifique com muitos desses fatores mantenedores – ou até mesmo com todos.

Por exemplo: vamos considerar que Sarah está prestes a dar uma palestra. Enquanto está de pé em frente ao público, ela pode sentir a ansiedade aumentando. Ela quer fazer uma apresentação perfeita e impressionar as pessoas, mas sabe que não vai conseguir fazê-lo. Ela nem sequer sabe como isso seria possível (i.e., seu padrão social percebido é elevado, ao passo que sua meta social está mal definida). Sarah sente apreensão e ansiedade sociais, e, com isso, ela foca a atenção no próprio corpo e *self* (i.e., ela experimenta um aumento na atenção autocentrada direcionada a aspectos negativos de si mesma). Sarah acredita que ocorrerá uma catástrofe se ela estragar tudo (i.e., revela um alto custo social estimado), pensa que tem pouco controle sobre sua ansiedade (i.e., tem a percepção de um baixo controle emocional) e acha que é uma péssima oradora (i.e., percebe suas habilidades sociais como ruins). Isso, por sua vez, aumenta sua percepção de ameaça, de modo que ela fala mais rápido para fugir da situação o quanto antes (i.e., ela evita seu medo). Após a palestra, ela continua a ruminá-la, aumentando então sua apreensão social em situações desse tipo.

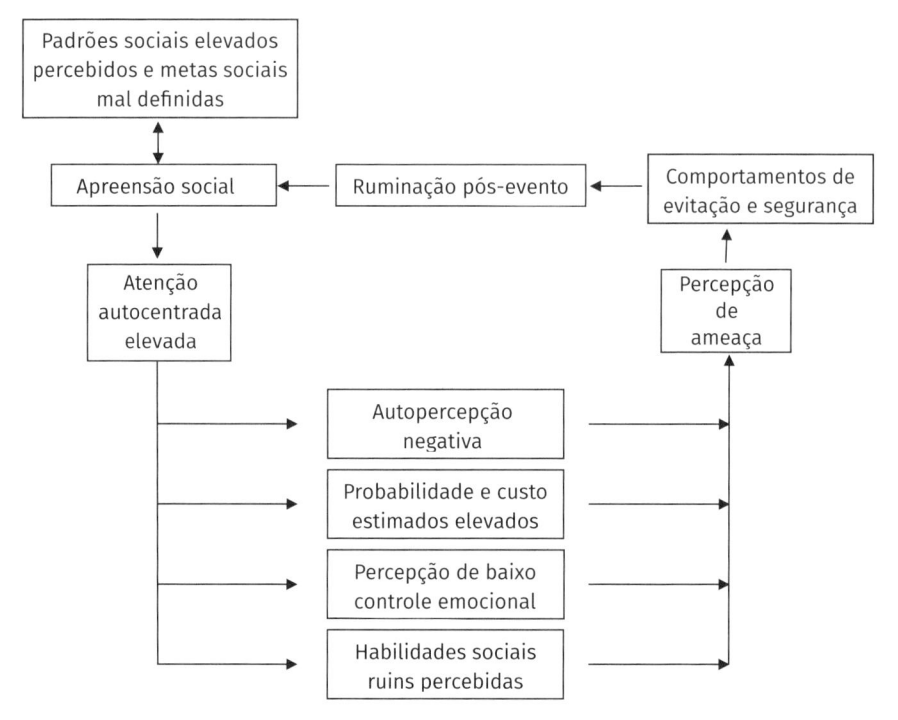

```
┌─────────────────────────┐
│ Padrões sociais elevados│
│ percebidos e metas      │
│ sociais mal definidas   │
└─────────────────────────┘
            ↕
┌──────────────┐   ┌──────────────────┐   ┌─────────────────┐
│  Apreensão   │◄──│ Ruminação        │◄──│ Comportamentos  │
│   social     │   │ pós-evento       │   │ de evitação e   │
└──────────────┘   └──────────────────┘   │ segurança       │
        │                                  └─────────────────┘
        ▼                                          ▲
┌──────────────┐                          ┌─────────────────┐
│   Atenção    │                          │   Percepção     │
│ autocentrada │                          │   de ameaça     │
│   elevada    │                          └─────────────────┘
└──────────────┘
```

(Fluxograma — representação textual aproximada)

FIGURA 2 Manutenção do TAS. De Hofmann, Stefan G. 2007. "Cognitive Factors That Maintain Social Anxiety Disorder: A Comprehensive Model and Its Treatment Implications". *Cognitive Behaviour Therapy* 36: 195-209. doi: 10.1080/16506070701421313. Reimpressa com autorização.

Caixas centrais do modelo: Autopercepção negativa; Probabilidade e custo estimados elevados; Percepção de baixo controle emocional; Habilidades sociais ruins percebidas.

Olhemos para esse ciclo mais detalhadamente, passo a passo. Primeiro, uma situação social provoca ansiedade, em parte porque as metas que você deseja alcançar na situação são altas, ou porque você considera que o padrão social é elevado. Se ninguém esperasse nada de você, ou se todos tivessem se saído muito mal, você sentiria consideravelmente menos apreensão social se comparássemos tal cenário com um contexto em que todos esperassem muito de você e suas metas fossem elevadas. Se esse é um importante fator mantenedor no seu caso (o que significa dizer que suas metas e suposições acerca dos padrões sociais são elevadas), você precisa abordá-lo entendendo que, no geral, as pessoas não esperam tanto de você quanto imagina. Além disso, precisa aprender a definir metas claras para si mesmo durante uma situação social e como usar essa informação para determinar se foi bem--sucedido ou não.

Depois de experimentar uma apreensão social inicial, a atenção geralmente é canalizada para o interior – na direção da autoavaliação e das sensações ansiosas. Sabemos que essa mudança na atenção piora o problema. Se esse é o seu caso, você está gastando seus preciosos recursos mentais escaneando seu corpo e examinando a si mesmo, bem como tentando dar conta da situação. A fim de intervir de maneira eficaz, você precisa aprender estratégias para canalizar sua atenção para longe das sensações ansiosas e em direção à situação, a fim de completar com sucesso a tarefa social.

Outra possibilidade é que, durante uma situação social, você esteja focando sua atenção para dentro e percebendo aspectos sobre si de que não gosta. Em outras palavras, talvez você esteja percebendo a si mesmo de forma negativa e acreditando que as outras pessoas compartilham as mesmas crenças negativas distorcidas com você. "Sou um idiota envergonhado" é um exemplo de autodeclaração que reflete uma autopercepção negativa, e é evidente como esse pensamento pode levá-lo a acreditar que os outros têm a mesma opinião sobre você. É importante que você fique confortável com seu jeito de ser (incluindo suas imperfeições em situações de desempenho social). Você precisa aprender estratégias para mudar essa visão negativa de si mesmo e ficar confortável com seu jeito de ser. Também precisa perceber que as outras pessoas não compartilham a mesma visão negativa a seu respeito.

Contratempos sociais maiores com consequências graves são raros. Contratempos sociais menores são normais e ocorrem a todo instante. Alguns contratempos são inclusive interessantes, tornando a pessoa mais popular. No entanto, o que torna as pessoas diferentes é o quanto tais contratempos afetam suas vidas. Talvez você acredite que contratempos sociais podem lhe trazer consequências desastrosas. Por exemplo, dar uma palestra ruim poderia resultar em sua demissão, o que afetaria suas chances de ser contratado novamente, arruinando sua carreira para sempre. A fim de lidar com a ansiedade social de maneira eficaz, você precisa compreender que, mesmo quando um encontro social não sai bem como o esperado, não há nada demais nisso. Catástrofes podem ocorrer, mas elas são raríssimas. Morrer é uma catástrofe. Contudo, ser rejeitado em um encontro ou dar uma palestra ruim não são catástrofes.

É possível que você perceba muitos sintomas corporais de ansiedade quando se encontra em uma situação social ameaçadora. Você pode sentir uma ansiedade parecida com pânico, que parece fugir do controle, e pensar que todo mundo ao seu redor consegue ver e sentir seu coração acelerado, sua boca seca, as palmas das suas mãos suadas, e assim por diante. Para lidar com a ansiedade social de maneira eficaz, você precisa compreender que tem mais controle sobre seus sentimentos ansiosos do que pensa. Reexaminar sua percepção pode ajudá-lo a acalmar essa resposta corporal. Também é necessário compreender que você superestima o quanto as outras pessoas podem enxergar o que está acontecendo com o seu corpo. Seu sentimento de ansiedade é uma experiência muito particular; as outras pessoas não podem ver seu coração acelerado, as palmas das suas mãos suadas ou seus joelhos trêmulos.

É possível ainda que você acredite que suas habilidades sociais são inapropriadas para lidar com uma situação social. Por exemplo, talvez acredite que é alguém que fala mal naturalmente, de modo que se sente muito desconfortável na maioria das situações que envolvem falar em público. Como uma intervenção, gostaria que você entendesse que seu desempenho social real não chega nem um pouco perto de ser tão ruim quanto supõe e que a falta de habilidades não é a causa de seu desconforto em situações sociais. Na verdade, existem muitas pessoas no mundo cujas habilidades sociais são bem mais limitadas que as suas, mas que nem por isso são ansiosas.

Como resultado de todos esses processos, você faz uso de estratégias de evitação. Talvez você evite a situação, fuja ou utilize estratégias que o façam se sentir menos desconfortável. Todas essas atividades (ou a falta delas) têm por objetivo evitar o sentimento de ansiedade. Como intervenção, convém aprender que usar estratégias de evitação (ativas ou passivas) é parte do motivo que faz sua ansiedade social ser algo tão persistente, já que você nunca vai saber o que teria acontecido se não tivesse evitado a situação.

Contudo, o problema não acaba por aqui, mesmo que a situação já tenha passado. Sua tendência a ruminar excessivamente sobre uma situação social após ela já ter terminado deve ser considerada. Talvez você se concentre não apenas nos aspectos negativos, mas também nas partes ambíguas (coisas que poderiam ser interpretadas tanto como positivas quanto como negativas), as quais você pode tender a interpretar negativamente. Mais uma vez, isso só piora a situação. Para intervir de maneira eficaz, você precisa compreender que ruminar sobre situações passadas é uma péssima ideia. O que passou, passou; é hora de seguir em frente. Ruminar só piora as coisas e o torna mais ansioso, fazendo-o evitar situações futuras. Algumas facetas da discussão são bem complexas. Entretanto, sua ansiedade também é. Vamos discutir esses fatores mantenedores em mais detalhes a seguir.

Padrões sociais

A ansiedade surge em situações sociais quando a pessoa quer passar determinada impressão, mas não está certa sobre sua capacidade de fazê-lo. Essa vontade em geral aparece ligada ao anseio natural de pertencer a um grupo desejado e de aderir às normas sociais de uma cultura em particular, o que, a propósito, vai exatamente na direção oposta à de indivíduos psicopatas, que não se importam com as normas sociais. Em outras palavras, enquanto os psicopatas não se importam com os outros, as pessoas com TAS se importam demasiadamente. Se só existissem pessoas com TAS, nosso mundo seria muito mais gentil, porém também seria muito ansioso e solitário, repleto de evitação.

Sabemos que as pessoas com TAS costumam demonstrar discrepância entre padrões sociais percebidos e suas habilidades sociais percebidas. Descobriu-se que essa discrepância se deve amplamente à subestimação, por parte dos indivíduos, de seu nível de habilidade em relação ao padrão social percebido e às metas desejadas. O estudo que resultou na dissertação de um antigo aluno meu traz esse aspecto à tona ao se aprofundar na forma como a autopercepção das pessoas com TAS sobre sua "deficiência" é ativada em contextos nos quais os padrões alheios são vistos como elevados ou confusos (Moscovitch & Hofmann, 2006). Em outras palavras, se você tem ansiedade social, ela possivelmente é desencadeada por situações em que os padrões são elevados (como na presença de um amigo que valoriza a competição) ou confusos (como na presença de um chefe que dá *feedback* intermitente).

Nesse estudo, 39 indivíduos com TAS e 39 indivíduos de um grupo-controle (i.e., sem diagnóstico de TAS) tiveram que falar em público depois de receberem pistas sobre padrões sociais. Um terço dos participantes recebeu pistas indicando que os padrões de desempenho eram elevados; um terço recebeu pistas de que os padrões eram baixos; e o terço restante não recebeu informações explícitas sobre os padrões esperados (i.e., os padrões foram ambíguos). Na sequência, forneço-lhe alguns detalhes sobre o estudo, para que você consiga visualizar como os cientistas estudam fenômenos do tipo em um experimento.

Os participantes desse estudo receberam informações indicando que eles precisariam fazer um discurso improvisado de 10 minutos acerca de tópicos escolhidos aleatoriamente. Eles receberam a informação de que essa fala seria observada pelo responsável pelo experimento e que, depois, o vídeo seria avaliado por outras pessoas. Após essas instruções iniciais, os participantes deram uma nota para seu nível de desempenho previsto e para os padrões percebidos da plateia, cada uma dessas variáveis em uma escala de 0 a 10. Eles foram, então, distribuídos aleatoriamente para cada uma das três condições experimentais: *padrões elevados*, *padrões baixos* e *sem padrões*. Em cada condição, os participantes assistiram a um vídeo de um indivíduo falando sobre "atrações turísticas em Boston" por dois minutos. A pessoa no vídeo era um voluntário em nosso laboratório cujo discurso fora planejado e gravado antes do experimento – os participantes não foram informados disso até o final do estudo. Os participantes receberam um roteiro de instruções orais antes de assistirem ao vídeo.

Todos os participantes assistiram, de fato, *ao mesmo* vídeo; contudo, as instruções orais que receberam com o vídeo foram diferentes para cada grupo experimental. O roteiro para a condição de *padrões elevados* continha a seguinte informação: "De acordo com nossa experiência, as pessoas preferem ver outra pessoa executando uma tarefa antes de elas terem que fazer o mesmo. Então, antes de fazerem seu discurso, gostaria de lhes dar uma ideia de como será a tarefa, mostrando um vídeo como exemplo de discurso. Enquanto assistem ao vídeo, tenham em mente que nem todos se saem do mesmo jeito. Muitas pessoas já participaram deste experimento antes de vocês, tanto de nosso Centro quanto da comunidade como um todo, e elas apresentaram várias formas de ansiedade e diversos tipos de habilidades de desempenho. Para ser sincero, a maioria se saiu consideravelmente melhor do que o indivíduo no vídeo a que vocês assistirão agora. Mesmo assim, o vídeo ainda deve lhes dar uma boa ideia de como será a tarefa".

Na condição de *padrões baixos*, os participantes receberam instruções idênticas àquelas dadas aos participantes de *padrões elevados*, com a diferença de que lhes foi dito que "a maioria não se saiu tão bem quanto o indivíduo no vídeo a que vocês assistirão agora". Na condição *sem padrões*, os participantes assistiram ao vídeo sem informações sobre padrões ou expectativas quanto ao desempenho. Os participantes receberam a informação de que estavam assistindo ao vídeo a fim de avaliarem seu nível de concentração, e as instruções direcionaram sua atenção a aspectos superficiais do vídeo. No roteiro *sem padrões*, pediu-se aos participantes que contassem as vezes que a pessoa usou a palavra "Boston".

Em seguida, os participantes foram orientados a falar por, no máximo, 10 minutos, mas lhes foi permitido que encerrassem seu discurso a qualquer momento levantando um sinal de "parar". Foi dito aos participantes que os tópicos do discurso haviam sido escolhidos aleatoriamente (contudo, os tópicos para todos os participantes foram *pena de morte*, *aborto* e *clonagem*), e lhes foi solicitado que mantivessem a folha de papel com seus tópicos virada para baixo (i.e., não olhassem para os tópicos) até que começassem sua fala. Após o discurso, os participantes deram notas para o próprio desempenho, em uma escala de 0 a 10, e para seu nível de ansiedade durante o discurso, em uma escala de 0 a 100. Essas notas foram então recolhidas, e os indivíduos receberam o pagamento por sua participação e foram dispensados. Dois avaliadores independentes, que desconheciam o propósito do estudo e a condição e o diagnóstico dos participantes, observaram e deram notas aos discursos gravados.

Os indivíduos com TAS acharam seu desempenho social pior do que o desempenho das pessoas sem TAS somente quando os padrões sociais eram elevados (i.e., quando foram levados a crer que a maioria das outras pessoas teve um ótimo desempenho) e quando os padrões sociais eram ambíguos (i.e., quando não se deixou claro quão bem os outros se saíram). Portanto, informações sobre os padrões sociais moderam as autoavaliações em pessoas com TAS. Na ausência de informação explícita sobre os padrões de desempenho esperados (i.e., quando os padrões eram ambíguos), as pessoas com TAS avaliaram seu desempenho como baixo – tão baixo como quando os padrões de desempenho se mostravam inequivocamente elevados. Por outro lado, quando os participantes foram levados a crer que os padrões esperados eram baixos, não foi possível distinguir suas autoavaliações daquelas dos indivíduos do grupo-controle. Sendo assim, a percepção das pessoas de si mesmas como "deficientes" parece ser ativada por contextos nos quais os padrões alheios são vistos como elevados ou confusos.

Infelizmente, o dia a dia está repleto de padrões ambíguos, conforme mencionado no título de nosso artigo "Ambiguity hurts" (A ambiguidade machuca). Em consequência, um alvo de intervenção possível consiste em esclarecer quais são os padrões reais de desempenho. Interpretações extremas das consequências de desempenhos sociais imperfeitos precisam ser desafiadas por exposições especificamente elaboradas, que discutiremos no Capítulo 3. Durante uma exposição, você precisa encarar uma situação social ameaçadora a fim de testar suas crenças. Exposições que testam suas crenças sobre as consequências de contratempos sociais são chamadas de *exposições a contratempos sociais*. Tais exercícios lhe darão evidências diretas de que (1) a probabilidade de contratempos sociais acontecerem é baixa e de que (mais importante ainda) (2) as consequências dos contratempos sociais (custos sociais) não são nem catastróficas nem impossíveis de se manejar. Contudo, falaremos disso depois.

Definição de metas

A ansiedade social ocorre quando você duvida de sua capacidade de causar uma impressão desejada nas outras pessoas, ou quando não se sente capaz de alcançar suas metas em uma situação social. As metas pessoais em relação a uma interação social não somente determinam as demandas de uma situação, mas também influenciam seus pensamentos, sentimentos e comportamentos de uma maneira específica. Por exemplo, quando se está indo a uma entrevista de emprego, a meta concreta pode ser convencer os entrevistadores de que você é a melhor pessoa para o trabalho. Entretanto, se você tem TAS e pensa regularmente "Sempre falo bobagem em entrevistas de emprego", talvez esteja mais focado em não dizer a coisa errada do que concentrado na tarefa de dar respostas satisfatórias às perguntas do entrevistador. Pensamentos ansiosos, como "As pessoas vão perceber minha ansiedade" e "Se eu pisar na bola agora, minha vida vai acabar", não são úteis e lhe farão parecer distraído, desqualificado ou desinteressado em um emprego que você poderia, de fato, querer, e no qual poderia ter um ótimo desempenho.

Intervenções desenvolvidas para ajudar pessoas com TAS estabelecem metas objetivas e alcançáveis para situações sociais e são projetadas para abordar tanto os padrões sociais elevados quanto as metas subjetivas difusas e irrealistas. Isso envolve examinar se suas metas são objetivas e não envolvem uma "leitura mental" do julgamento dos outros acerca de sua adequação social. Desse modo, aperfeiçoar seu estabelecimento de metas lhe trará dois benefícios: (1) ajudá-lo a "sair da cabeça" dos outros e a definir o que realmente é necessário em uma interação ou desempenho social enquanto você (2) estabelece um nível adequado de desempenho relativo a uma situação específica. No caso de uma entrevista de emprego, isso significa que a meta não é parecer brilhante, esperto ou encantador. Isso seria um exemplo de uma meta inalcançável. Em vez disso, a meta pode ser informar o entrevistador sobre sua experiência de trabalho e habilidades que o tornam qualificado para tal. Preocupações com a opinião do entrevistador acerca da sua personalidade não são muito relevantes para essa tarefa – e focar nisso interferirá em suas chances de conseguir o emprego.

Atenção autocentrada

Quando precisam enfrentar uma ameaça de caráter social, indivíduos com ansiedade social direcionam a atenção "para dentro" e se engajam em um processo de monitoramento detalhado e de observação de si mesmos. Quando a atenção autocentrada é alta, eles experienciam autoimagens espontâneas, recorrentes e excessivamente negativas, que acreditam ser verdadeiras quando ocorrem. A autoimagem negativa não se limita ao modo como percebem a si mesmos socialmente, mas pode também incluir atributos físicos, como a aparência física. Melhorar a ansiedade social, portanto, costuma contribuir para a redução dessas preocupações.

As autoimagens negativas se encontram causalmente relacionadas à ansiedade social. Comparados com pessoas não ansiosas, indivíduos com TAS são mais propensos a se "enxergarem" pela perspectiva de um observador em situações sociais. Quando instruídos a focar a atenção em aspectos do ambiente externo, os indivíduos com TAS relatam menos ansiedade e crenças negativas. Além do mais, o TAS faz as pessoas exagerarem os aspectos negativos de uma situação e desconsiderarem seus aspectos positivos, e, se as coisas puderem ser interpretadas dos dois jeitos, elas serão interpretadas como negativas. Ver alguém sorrindo poderia significar que essa pessoa está pensando que você é ridículo ou que ela gosta de você. Uma plateia em silêncio pode significar que você é capaz de prender a atenção dela ou que você está a deixando entediada. Se você vê uma pessoa na plateia cochilando, pode pensar: "Estou matando as pessoas de tédio", ou "Ele não está interessado na minha fala", ou "Essa pessoa teve uma noite difícil e está cansada". Dependendo da interpretação, você experimentará emoções diferentes, e algumas delas podem aumentar sua ansiedade. Por exemplo, o pensamento "Estou matando as pessoas de tédio" aumentará ainda mais sua ansiedade. Por outro lado, o pensamento "Essa pessoa teve uma noite difícil e está cansada" não atrairá tanto sua atenção e terá pouca influência sobre sua ansiedade.

No tratamento, costumo instruir meus pacientes a canalizarem voluntariamente sua atenção para coisas diferentes, a fim de treinar seu controle atencional. Por exemplo, logo antes de uma tarefa de desempenho social (como falar em público), pode ser que eu os instrua a focarem a atenção internamente em sua ansiedade, ou externamente, como em objetos específicos no consultório, ou talvez no tema sobre o qual irão falar. Em seguida, peço a eles que percebam sua ansiedade, que costuma ser a maior possível quando estão focando na ansiedade e menor quando estão focando em um objeto neutro no consultório, como uma cadeira. O objetivo desse exercício não é apenas demonstrar uma ligação entre foco atencional e ansiedade, mas também mostrar que o direcionamento da atenção está sob nosso próprio controle voluntário. Se temos o poder de deixar as coisas piores (quando nos concentramos em nossa ansiedade), também temos o poder de deixá-las mais fáceis. Mudanças na ansiedade a partir desse exercício mostram que a ansiedade não é uma resposta automática e inseparável de situações sociais, e sim uma função de fatores atencionais subjetivos e modificáveis.

Autopercepção

A autopercepção é um fator mantenedor muito comum no TAS. Você experimenta ansiedade social quando pensa que é incapaz de passar uma impressão desejada de si mesmo para pessoas importantes. É possível que experiências de aprendizagem cedo na vida sejam responsáveis pelo desenvolvimento de várias suposições distorcidas e negativas acerca de si mesmo (p. ex., "Sou burro", "Não sou atraente"). Em uma série de estudos controlados, Lynn Alden e colaboradores, da University of British Columbia, em Vancouver, no Canadá, examinaram o efeito da autopercepção sobre a ansiedade em indivíduos com TAS (Alden et al., 2014). Esses estudos demonstraram que, diante de ameaças sociais, os indivíduos com ansiedade social concentram a atenção em si mesmos e engajam-se em um processo de automonitoramento detalhado, durante o qual experimentam autoimagens negativas espontâneas, recorrentes e excessivas, que eles percebem como verdadeiras. Quando expostos a ameaças sociais, os indivíduos com TAS tendem a subestimar suas habilidades, relativizando-as com base nos padrões dos outros. Eles se preocupam que outras pessoas possam ter padrões elevados em relação ao seu desempenho em situações sociais, e tal preocupação pode influenciar consideravelmente suas emoções e comportamentos.

Alden e colaboradores também observaram que os indivíduos com TAS que recebem *feedback* indicando que seu desempenho foi bom durante um encontro social reagem com uma ansiedade *aumentada* quando preveem um encontro futuro, devido à percepção de que seu sucesso inicial pode ter feito os avaliadores aumentarem suas expectativas de padrões de desempenho. De modo semelhante, quando indivíduos com ansiedade social percebem que os padrões esperados são inalcançáveis, é possível que empreguem a estratégia de falha intencional, a fim de influenciarem os avaliadores em potencial a baixarem suas expectativas de desempenho para um nível que eles possam alcançar com mais segurança. Em outras palavras, a autossabotagem não é uma resposta incomum diante de um desempenho social bem-sucedido por parte de algumas pessoas com TAS. Parecer incompetente é uma maneira segura de se manter longe dos holofotes.

Além disso, os indivíduos com TAS constroem autorrepresentações mentais negativas baseadas não em como eles veem a si mesmos, mas em como eles acreditam que os avaliadores da "plateia" em potencial os enxergam em dado momento. Em outras palavras, as pessoas com TAS sentem que estão constantemente em cima do palco e parecem sustentar autoavaliações enviesadas e negativas. Isso pode ocorrer até mesmo fora de um contexto social e independentemente de seu nível de habilidade ou do grau de cordialidade e simpatia exibido por seus parceiros de interação. Essa pode ser a razão da comorbidade relativamente alta entre TAS e depressão. Como intervenção, o *feedback* por vídeo pode servir como ferramenta de particular eficácia para corrigir a autopercepção negativa e distorcida. Assistir ao próprio desempenho em um vídeo gravado pode iniciar uma mudança em sua autopercepção quando você recebe a oportunidade de avaliar de modo objetivo o próprio desempenho social e compará-lo com a forma como vivenciou subjetivamente seu desempenho no momento. Gravações de vídeo utilizando o *smartphone* nos oferecem uma maneira fácil de assistir ao nosso próprio desempenho. Algumas alternativas são exposições ao espelho (i.e., olhar para você mesmo repetidamente no espelho sem se engajar em checar comportamentos, como "Será que meu nariz é muito grande?") e exposições repetidas à própria voz gravada. Apresentarei técnicas específicas mais adiante. Por ora, apenas saiba que é bem provável que sua ansiedade social faz você ser excessivamente duro consigo mesmo – mais do que as outras pessoas são com você – e que este livro vai ajudá-lo a aprender como se tratar de uma forma mais gentil.

Custo social estimado

Pilotar um Boeing 747 com 416 passageiros a bordo exige algumas habilidades e pode ser uma tarefa assustadora. Cometer um erro durante o pouso pode resultar em consequências negativas graves. Por exemplo, o avião poderia bater, e os 416 passageiros a bordo, além dos tripulantes, poderiam morrer. Essa seria uma catástrofe com consequências graves, negativas e irreversíveis. A menos que acredite na vida após a morte, uma vez que você morre, acabou. Agora, compare esse exemplo com uma tarefa social, como um evento em que seja necessário falar em público. Tal qual o procedimento de pouso de um voo, falar em público também demanda algumas habilidades. Contudo, cometer um erro durante uma fala ou qualquer outra tarefa social não resulta em consequências negativas duradouras graves, como as citadas antes. Pessoas que falarão em público ou a plateia que as escutará não morrem, independentemente do quão ruim for a fala. Situações desagradáveis acontecem o tempo inteiro. Elas são desconfortáveis e estressantes, mas as pessoas as esquecem e perdoam, seguindo em frente com suas vidas. Situações sociais, não importa o quão mal acabem, não são catástrofes. Ainda assim, as pessoas com TAS não veem a coisa dessa forma, como demonstrado por estudos.

Os psicólogos* britânicos David Clark e Adrian Wells formularam uma influente teoria cognitiva do TAS (Clark & Wells, 1995), afirmando que indivíduos com TAS acreditam que (1) podem se comportar de um modo incompetente e inaceitável e (2) que esse comportamento teria consequências desastrosas em termos de perda de *status*, perda de valor e rejeição. Desde então, a segunda parte dessa teoria tem sido chamada de "custo social estimado" e se encontra intimamente relacionada a um modelo anterior influente sobre o medo e a ansiedade desenvolvido por Edna Foa, da University of Pensilvânia, e por Michael Kozak (Foa & Kozak, 1986). Esse modelo considera que a resposta de uma pessoa ao tratamento para vários problemas de ansiedade depende parcialmente de sua capacidade de reduzir as probabilidades exageradas e o custo associado às consequências temidas de uma situação. Explicarei melhor.

Problemas relacionados ao medo e à ansiedade são representados dentro de uma espécie de *estrutura de medo* (uma rede cognitiva na qual o medo é representado por pensamentos, comportamentos e fisiologia). Se a estrutura de medo da pessoa está completamente ativada (p. ex., quando ela está exposta ao objeto ou à situação temida) e ela não experimenta consequências negativas, ela pode aprender a reduzir a tendência de exagerar estimativas probabilísticas de dano. A habituação da ansiedade durante a exposição

---

*N. de T. David M. Clark é professor emérito de psicologia experimental, cuja pesquisa concentra-se principalmente nas abordagens cognitivas aplicadas à compreensão e ao tratamento dos transtornos de ansiedade. O autor mencionado não é o mesmo que escreveu *Manual de terapia cognitivo-comportamental para adolescentes ansiosos: livrando-se de pensamentos negativos e preocupações* (Artmed, 2023) e, junto a Aaron T. Beck, as obras *Vencendo a ansiedade e a preocupação com a terapia cognitivo-comportamental: tratamentos que funcionam (Manual do paciente)* e *Terapia cognitiva para os transtornos de ansiedade: tratamentos que funcionam (Guia do terapeuta)*, ambos publicados pela Artmed em 2012. Este se trata de David A. Clark, cuja pesquisa tem como foco os temas da vulnerabilidade e dos fatores cognitivos de avaliação e tratamento da depressão e da ansiedade, especialmente do transtorno obsessivo-compulsivo (TOC). Já Adrian Wells é o influente psicólogo clínico criador da terapia metacognitiva (TMC), cujo modelo se diferencia do paradigma padrão de Beck, sobretudo pelo foco que dá à relação dos indivíduos com seus processos cognitivos, e não ao conteúdo cognitivo em si.

(i.e., o aprendizado que ocorre como resultado de apresentações repetidas de uma ameaça) reduziria, então, o inflado custo social estimado, caso a pessoa atribua a redução de sua ansiedade a características da situação social (p. ex., "Se não estou ansioso, a situação não deve ser tão ruim").

O desfecho de uma situação social nem sempre é claro ou previsível. Em geral, não há nenhuma consequência; algumas vezes, a consequência é surpreendentemente positiva; em outras, é negativa. As consequências positivas inesperadas costumam ser desconsideradas ou reinterpretadas negativamente (como discutiremos em mais detalhes adiante, quando examinarmos a ruminação pós-evento). As consequências negativas são diversas. Um exemplo de consequência negativa é receber críticas de uma plateia devido à sua fala. Isso exercerá impactos distintos sobre você, dependendo do contexto. Por exemplo, se exposições repetidas a críticas não mais lhe despertarem ativação fisiológica, então receber críticas não será mais percebido como algo desastroso. De acordo com Foa e Kozak, comparadas com pessoas não ansiosas, aquelas com TAS têm uma acurácia semelhante para estimar a probabilidade de ocorrência de contratempos sociais, mas tendem a superestimar as consequências potencialmente negativas desses contratempos, muitas vezes considerando que elas têm efeitos duradouros, negativos e irreversíveis em suas vidas. Isso pode significar que tratamentos psicológicos para o TAS são eficazes, em parte, *porque* levam à diminuição da estimativa de custo social da pessoa. Se esse for o caso, identificamos um dos mecanismos pelos quais a terapia cognitivo-comportamental (TCC) funciona. As variáveis que constituem um mecanismo terapêutico são comumente chamadas de *mediadores de tratamento*.

A primeira evidência direta do papel do custo social estimado como mediador de tratamento do TAS vem de um dos estudos de Foa (Foa et al., 1996). Antes e depois de receberem TCC, os autores pediram a pessoas com TAS para avaliar a probabilidade de um evento ruim acontecer (para mensurar as probabilidades estimadas de eventos ruins) e lhes pediram que estimassem quão ruins seriam as consequências (para mensurar suas estimativas de custo social). Nessa mesma linha, os pesquisadores coletaram o mesmo tipo de dados de um grupo de pessoas não ansiosas. Os resultados foram consistentes com a hipótese de Foa e Kozak de que os indivíduos com TAS exibem vieses de julgamento específicos sobre os custos de eventos sociais negativos. Os participantes também deixaram transparecer vieses de julgamento com importância social antes do tratamento, que foram atenuados após o tratamento. Especificamente, eles demonstraram uma diminuição tanto dos custos estimados quanto da superestimação de probabilidades de eventos sociais negativos, que se correlacionaram à redução da gravidade de seus sintomas após o tratamento. Isso sugere que os custos estimados foram o melhor preditor isolado para o desfecho de tratamento baseado no modelo mediacional de Foa e Kozak. Esse efeito foi replicado posteriormente em outros estudos, incluindo o meu próprio (Hofmann, 2004), que também demonstrou que intervenções cognitivas diretas levam à melhor manutenção de ganhos terapêuticos, e tal efeito foi mediado via mudanças no custo social estimado durante o tratamento.

Embora algumas estratégias cognitivas em abordagens mais tradicionais da TCC desenvolvam esse assunto até certo ponto, o efeito do tratamento pode muitas vezes ser maximizado quando se enfoca ativamente, de modos específicos, o custo social estimado. Por exemplo, quando você se expõe repetida e continuamente a uma situação social ameaçadora, sua ansiedade diminui não apenas devido à habituação, mas também porque você percebe que o desfecho temido não irá ocorrer e, caso ocorra, é capaz de dar conta dele. Esse efeito pode ser maximizado se você identifica e desafia sua estimativa de custo exagerada (p. ex., "Qual seria o pior desfecho para esta situação?"; "Por que esta situação é tão catastrófica?"; "Como minha vida vai mudar depois disso?"). Além do mais, contratempos sociais são bastante normais, e as consequências negativas desses contratempos em geral são passageiras. Durante o estágio de planejamento de uma prática de exposição, que discutiremos no Capítulo 3, eu o encorajarei a criar contratempos sociais a fim de examinar as consequências reais. Essas exposições podem ajudá-lo a perceber que, primeiro, o desempenho perfeito nunca precisa ser o padrão para aceitação social ou para alguém sentir segurança, e que, segundo, por meio de experiências repetidas e vívidas de contratempos sociais, tais contratempos não precisam mais ser (e não serão) interpretados catastroficamente.

Depois de várias décadas de pesquisa e tratamento de pessoas com TAS, percebi que as exposições a contratempos (algumas vezes chamadas de exposições aos custos sociais) costumam ser essenciais para a superação da ansiedade social em muitas pessoas com TAS (Fang et al., 2013, para maior aprofundamento). Também ficou claro que essas intervenções têm valor específico para a prevenção de recaídas, não apenas estabelecendo novos padrões de atenção social e definindo metas e avaliações de desempenho, mas também instituindo um padrão para a notável distinção entre fracasso social e contratempo social; este pode ocorrer sem ser acompanhado de consequências sociais importantes.

Percepção de controle emocional

O apresentador acaba de falar seu nome. Você está diante do microfone. As luzes brilham sobre você. A plateia vai aos poucos fazendo silêncio, esperando sua fala. Seu coração começa a acelerar. Você pode ouvi-lo batendo. As palmas das suas mãos estão suando. Sua ansiedade está fora de controle. Assim como acontece com muitos transtornos emocionais, o TAS costuma aparecer associado a uma percepção de falta de controle sobre eventos aversivos (como falar em público ou ir a uma festa), o que pode resultar em desconforto subjetivo, comportamental e fisiológico. O grau em que vemos os eventos como controláveis é um aspecto fundamental – e até determinante – de nossa saúde mental. Meu amigo e antigo mentor, David Barlow, contribuiu enormemente para esse *insight* (Barlow, 2001). Ele observou que rompantes inesperados e incontroláveis de medo podem precipitar transtornos de ansiedade em indivíduos vulneráveis, pois esses indivíduos veem as próprias emoções ou reações corporais como incontroláveis. Isso fica bem evidente em pessoas com transtorno de pânico. Tal transtorno pode se desenvolver quando indivíduos experienciam inesperadamente rompantes breves e intensos de medo e, subsequentemente, desenvolvem ansiedade em relação à possibilidade de essa resposta voltar a ocorrer de um modo incontrolável. No entanto, isso não é exclusividade do transtorno de pânico. Na verdade, Barlow descobriu que todos os transtornos de ansiedade, incluindo o TAS, compartilham uma falta de controle percebido sobre reações emocionais e corporais negativas. Por exemplo, um de meus antigos estudos (Hofmann et al., 1995) demonstrou que pessoas com medo de falar em público atribuíam seu medo mais frequentemente a "ataques de pânico" (definidos como rompantes súbitos de medo intenso sem razão aparente) do que a eventos traumáticos ou quaisquer outros eventos. Embora todos os participantes nesse estudo tenham se enquadrado nos critérios diagnósticos para TAS, eles consideraram os ataques de pânico como tendo maior importância para sua ansiedade de fala do que o medo da avaliação negativa por parte dos outros (que é considerado o aspecto central do TAS). Um estudo mais recente (Hofmann, 2005), com uma amostra vasta e representativa de pessoas com TAS, demonstrou que situações com custo social estimado elevado produzem ansiedade parcialmente porque as pessoas percebem seus sintomas ansiosos como incontroláveis.

Esse e outros estudos mostram que a percepção de controle sobre sua resposta de ansiedade associada a eventos ameaçadores relaciona-se consideravelmente a ganhos no tratamento de indivíduos com TAS. Isso também pode ser chamado de enfrentamento focado na emoção (i.e., referindo-se às estratégias que aplicamos para regular nossas emoções). Quanto mais acreditamos que estamos no controle de nossas emoções e de nossa ansiedade, melhor se torna nossa capacidade de lidar com situações ameaçadoras. Portanto, exposições sociais devem ser projetadas de modo a colocar à prova os medos sociais centrais das pessoas. Por exemplo, você pode associar exposições a gatilhos sociais ansiogênicos com exposições a sensações temidas típicas da ansiedade projetadas para redefinir o "perigo" e a "segurança" das sensações de ansiedade.

Habilidades sociais percebidas

O mundo nunca estará totalmente sob nosso controle pessoal, e a maioria das atividades trazem consigo certos riscos em potencial. Algumas atividades são mais arriscadas do que outras. O *wingsuit BASE jumping* (o esporte radical em que as pessoas saltam de penhascos para então planarem em trajes com "asas") é mais arriscado do que caminhar tranquilamente pela vizinhança. Contudo, mesmo caminhadas podem ser um pouco arriscadas. Um carro pode atropelá-lo, por exemplo. É claro que isso não é muito provável, mas não é impossível. Pode acontecer. O perigo inerente à situação depende também de suas habilidades para lidar com uma ameaça. A primeira vez que você saltou de um penhasco na sua turma de *BASE jumping* foi mais arriscada do que a quinquagésima, pois suas habilidades para lidar com essa ameaça foram sendo gradualmente construídas a partir da experiência. No entanto, existe uma diferença entre suas habilidades *reais* e suas habilidades *percebidas*. As habilidades reais são óbvias aos olhos dos outros. As habilidades percebidas são aquelas que você acredita possuir.

 O senso de competência em dominar alguma coisa tem um nome: autoeficácia percebida. Esse conceito foi estudado de forma muito detalhada por Albert Bandura (que infelizmente faleceu dias antes de eu escrever estas palavras), um dos cientistas da psicologia mais citados da história. Bandura começou a estudar o papel da autoeficácia percebida sobre a redução da ansiedade em tratamento (Bandura, 1988). Depois de muitas pesquisas e revisões do conceito, a autoeficácia percebida ficou definida como a crença de que podemos exercer controle sobre ameaças em potencial. Indo além, quanto maior for sua autoeficácia percebida, maior será o seu senso de previsibilidade e controle em relação a eventos ansiogênicos. Acontece que a autoeficácia percebida tem um papel central na ansiedade.

A ameaça representada por uma situação está relacionada à crença que a pessoa tem sobre o quão bem ela pode lidar com tal ameaça. Você se lembra da primeira vez em que entrou em um carro, quando começou a aprender a dirigir? Ter de controlar a velocidade do carro usando o acelerador e, ao mesmo tempo, guiar e prestar atenção ao trânsito certamente lhe provocou ansiedade. Suas habilidades de motorista tiveram que ser aprendidas e praticadas. Sua ansiedade aumentou porque sua autoeficácia percebida estava baixa. Com a prática, a ansiedade caiu, ao passo que a autoeficácia percebida aumentou. Portanto, a crença de que temos algum controle determina nosso nível de ansiedade. Transferindo isso para o TAS, a maneira de enfrentar as ameaças sociais é lidar com a ativação de sua ansiedade (i.e., o enfrentamento focado na emoção que discutimos na seção anterior) e trabalhar as crenças a respeito do quanto somos capazes de manejar as demandas da situação social com nossas habilidades sociais (i.e., enfrentamento focado no problema). É essencial salientar que é a *percepção* das habilidades que importa.

As pessoas com TAS não têm deficiências perceptíveis em nenhuma de suas habilidades sociais. Contudo, elas tendem a avaliar o próprio desempenho em situações sociais de um modo mais negativo. Se, como resultado da utilização das estratégias deste livro, você perceber melhora em suas habilidades sociais, ou ao menos um resultado melhor do que esperava, as situações sociais parecerão menos ameaçadoras e perigosas, porque você terá desenvolvido um melhor senso de controle sobre a situação. É possível, então, que você passe a ter um desempenho melhor em suas metas sociais em virtude da diminuição da ansiedade social. Em outras palavras, reduzir a ansiedade social o torna mais confiante e menos temeroso em relação a situações sociais futuras, fortalecendo suas habilidades sociais percebidas para manejar ameaças sociais em potencial.

Estudei centenas de pessoas com TAS, em geral no contexto de tratamento. A maioria das pessoas não tinha nenhuma deficiência perceptível em suas habilidades sociais. Somente poucas tinham déficits nítidos em termos de habilidades sociais. Algumas delas foram incapazes de manter contato visual, demonstraram comportamentos estranhos, falaram muito baixo ou muito rápido, gaguejaram, foram inconvenientes tentando ser engraçadas, ou foram até mesmo agressivas. No caso desses indivíduos, o treinamento de habilidades sociais é adequado. Todavia, para a maioria das pessoas com TAS, o treinamento de habilidades sociais é, inclusive, inadequado, pois reforça a tendência perfeccionista e a percepção de incapacidade de alcançar suas metas sociais e corresponder ao padrão social percebido. A percepção que a pessoa tem das próprias habilidades sociais é um aspecto de sua autopercepção e pode ser abordada pela utilização de técnicas como *feedback* por vídeos ou áudios, exposição ao espelho e *feedback* em grupo.

Comportamentos de segurança e evitação

Comportamentos de segurança são uma forma de evitação. Mais no início, defini evitação como qualquer coisa que você faz ou deixa de fazer para evitar entrar em contato com sua ansiedade. Isso pode incluir escolher não ir à tão temida festa ou sair do evento mais cedo. Em ambos os casos, tais comportamentos reduzem sua ansiedade ao eliminarem a ameaça. Contudo, alguns comportamentos são muito mais sutis. Por exemplo, é possível que você evite contato visual com as pessoas na festa, que fique perto da saída durante o evento ou que prepare demasiadamente sua fala. Todos esses comportamentos também têm a intenção de reduzir a ansiedade. Eles são mais sutis do que não ir ao encontro de uma situação ou escapar dela. Portanto, podemos chamar tais comportamentos de *comportamentos de segurança*. O nome implica que eles nos fazem sentir segurança, reduzindo, assim, nosso nível de desconforto.

Embora tais comportamentos reduzam sua ansiedade em curto prazo, eles também a mantêm em longo prazo. Discutiremos isso em mais detalhes nos próximos capítulos. Sabemos que comportamentos de evitação contribuem consideravelmente para a manutenção da sua ansiedade social e que o uso de comportamentos de segurança destrói os efeitos de formas mais adaptativas de lidar com ameaças sociais. Isso ocorre porque os comportamentos de evitação e segurança o impedem de avaliar a ameaça real de uma situação social. Evitando, você abdica da chance de experimentar a situação como algo não tão perigoso quanto acreditava que seria e de perceber que você tem, sim, certo controle sobre ela. Você ainda se lembra de quando aprendeu a andar de bicicleta? Caso só tivesse andado de bicicleta com rodinhas, jamais teria tido a chance de entender que poderia andar sem elas. Por fim, você teve que retirar as rodinhas para saber que é seguro andar de bicicleta sem elas. Do mesmo modo, alguém com TAS pode pensar: "O que poderia acontecer se eu não tivesse meu [comportamento de segurança] para me ajudar?".

Comportamentos de segurança são formas sutis de estratégias de evitação e, notoriamente, difíceis de identificar. Fazer uso de certas frases ou vícios de linguagem durante sua fala, ter sempre uma bebida na mão durante as festas mesmo que você não beba, segurar firme sua taça para evitar tremores e ficar perto da porta durante uma reunião com várias pessoas a fim de sair mais facilmente são exemplos possíveis. A função desses comportamentos é fazer você se sentir menos desconfortável em uma situação socialmente ameaçadora. Pode ser que você nem sequer esteja consciente de que as coisas que faz são comportamentos de segurança. A fim de identificá-los, em primeiro lugar, você precisa monitorar seus encontros sociais e se transformar em um detetive dos próprios problemas. É preciso ficar atento em busca de sinais de quaisquer comportamentos de segurança. Após identificá-los, o próximo passo é eliminá-los sistematicamente. Para isso, você precisa criar tarefas de exposição como uma oportunidade de aprender que situações sociais são, na verdade, bem seguras.

Planejar-se para as exposições envolve criar as circunstâncias nas quais suas crenças sobre a "periculosidade" das situações sociais serão diretamente desafiadas. Essas exposições em geral consistem em experienciar contratempos sociais, induzindo sintomas ansiosos, e praticar – em vários contextos – a eliminação de gatilhos e de comportamentos de segurança. Isso o ajudará a redefinir situações sociais como "seguras", mesmo que você não use esses gatilhos e comportamentos de segurança.

Ruminação pós-evento

Imagine a seguinte cena: você está em uma festa e alguém lhe apresenta Kim. Você gosta dela e, em um raro momento de muita coragem, pede a ela seu número de telefone. Para sua surpresa, Kim diz: "Claro, me liga uma hora dessas". Depois de voltar para a segurança da sua casa, você continua sem acreditar no que acabou de acontecer. Você pediu e ela realmente lhe passou o número! Você sente um misto de emoções prazerosas e desprazerosas – alegria, empolgação e medo. E agora? Vai ligar para ela? Você repassa a cena em sua mente repetidas vezes. A voz e as palavras de Kim ainda ecoam em sua cabeça. Ela diz: "Claro, me liga uma hora dessas". À medida que repete a cena várias vezes, suas emoções vão da luz à sombra. Ela disse "claro". Ela não disse "ótimo" ou "maravilhoso". "Claro" não é tão positivo quanto "ótimo" ou "maravilhoso". "Claro" é só ok. E então ela disse: "me liga uma hora dessas". O que Kim quis dizer com "uma hora dessas"? Uma hora dessas pode significar nunca. Ah, que desastre!

Você se convence de que Kim não quer que você ligue para ela. O mais provável é que ela só tenha sido gentil. E, lenta, mas certamente, essa situação surpreendentemente feliz está se transformando em uma catástrofe em sua mente. É isso que chamamos de "ruminação pós-evento". O evento foi ter conseguido o número, e seus atos de ruminação transformaram essa cena positiva em negativa.

As pessoas com TAS costumam se engajar nesse processamento pós-evento, durante o qual elas repassam mentalmente a interação social em detalhes. Esse processamento em geral se concentra em sentimentos ansiosos e autopercepções negativas, em que o indivíduo se recorda da interação como sendo mais negativa do que realmente foi. Como resultado, seus pensamentos são dominados pela lembrança de fracassos passados, o que leva à manutenção do problema. A ruminação pós-evento costuma se associar a evitações futuras de situações parecidas. É possível que ela esteja intimamente associada ao custo social exagerado no TAS. Isso ocorre quando indivíduos com TAS ruminam sobre um encontro social passado porque acreditam que um desempenho social inadequado geraria consequências desastrosas. A ruminação pós-evento ocorre, com frequência, depois de um encontro social malsucedido ou ambiguamente bem-sucedido, sobretudo aqueles associados a altos custos sociais percebidos e a autopercepções negativas, em virtude do suposto desfecho catastrófico de uma situação social.

QUAIS SÃO OS FATORES MANTENEDORES MAIS IMPORTANTES PARA VOCÊ?

É provável que você consiga citar muitos desses fatores mantenedores, ou até mesmo todos. Entretanto, as pessoas diferem quanto ao que mantém sua ansiedade social. A escala de avaliação apresentada a seguir resume todos os fatores mantenedores conhecidos (um item por fator). Essa escala tem por objetivo lhe fornecer uma orientação para se concentrar mais em algumas estratégias deste livro do que em outras, dependendo do fator mantenedor mais importante para você.

Escala de atitudes ante situações sociais

De Hofmann, Stefan G. 2007. "Cognitive Factors That Maintain Social Anxiety Disorder: A Comprehensive Model and Its Treatment Implications". *Cognitive Behaviour Therapy* 36: 195-209. Doi:10.1080/16506070701421313. Reimpressa com autorização.

Por gentileza, pegue papel e caneta (ou use seu smartphone) e avalie os enunciados a seguir da forma mais sincera que puder. Dê uma nota para o quanto você concorda com cada enunciado em uma escala de 0 (Eu não concordo de jeito nenhum/isso não me descreve) a 10 (Eu concordo muito/isso me descreve bem). O fator mantenedor relevante está indicado nos parênteses de cada item.

1. Eu acredito que as expectativas em relação a mim em situações sociais são muito altas. (padrões sociais percebidos)

    0-1-2-3-4-5-6-7-8-9-10

2. É comum eu não ter muita certeza sobre o que quero alcançar em uma situação social. (definição de metas)

    0-1-2-3-4-5-6-7-8-9-10

3. Eu tendo a focar minha atenção em mim mesmo quando estou em uma situação social. (atenção autocentrada)

    0-1-2-3-4-5-6-7-8-9-10

4. Eu tendo a superestimar o quão ruim uma situação social pode vir a ser. (custo social estimado)

    0-1-2-3-4-5-6-7-8-9-10

5. Eu acredito que minhas habilidades sociais para lidar com situações sociais são ruins. (habilidades sociais percebidas)

    0-1-2-3-4-5-6-7-8-9-10

6. Eu não fico muito satisfeito comigo mesmo no que diz respeito a situações sociais. (autopercepção)

    0-1-2-3-4-5-6-7-8-9-10

7. Eu tenho pouco controle sobre minha ansiedade em situações sociais. (controle emocional)

    0-1-2-3-4-5-6-7-8-9-10

8. Eu acho que as pessoas podem perceber quando estou ansioso em situações sociais. (habilidades sociais percebidas)

   0-1-2-3-4-5-6-7-8-9-10

9. Eu costumo esperar que algo de ruim vá acontecer comigo em uma situação social. (custo social estimado)

   0-1-2-3-4-5-6-7-8-9-10

10. Eu tendo a remoer situações sociais depois que elas já ocorreram. (ruminação pós-evento)

    0-1-2-3-4-5-6-7-8-9-10

11. Eu evito situações sociais frequentemente. (comportamentos de segurança e evitação)

    0-1-2-3-4-5-6-7-8-9-10

12. Eu costumo fazer coisas que me deixam menos desconfortável quando estou em situações sociais. (comportamentos de segurança e evitação)

    0-1-2-3-4-5-6-7-8-9-10

Suas respostas o ajudarão a determinar quais capítulos serão de maior importância para sua ansiedade social. Se você tiver dado notas altas para todos os itens (5 ou mais), todos os capítulos devem beneficiá-lo bastante. Estratégias de exposição especificamente desenvolvidas, contempladas no Capítulo 3, serão essenciais de modo geral, independentemente dos itens para os quais você deu notas mais altas.

Os próximos capítulos descrevem técnicas especificamente desenvolvidas para lidar com os fatores mantenedores. As estratégias no âmbito das *ferramentas de pensamento* abordadas no Capítulo 4 serão muito benéficas para combater a percepção elevada de padrões sociais (item 1), a definição de metas (item 2), a estimativa de custos sociais (itens 4 e 9), a autopercepção (item 6) e a ruminação pós-evento (item 10). A técnica de *exposição a contratempos sociais*, descrita no Capítulo 5, é um elemento central em todos os fatores mantenedores, sobremaneira na estimativa de custos sociais (itens 4 e 9). As *habilidades de aceitação*, que você aprenderá no Capítulo 6, ajudam a abordar a autopercepção (item 6) e a atenção autocentrada (item 3). Os exercícios para *diminuição da ativação*, no Capítulo 7, ajudam a abordar o controle emocional (item 7). Por fim, as estratégias referentes a *habilidades sociais*, no

Capítulo 8, são úteis para abordar os déficits nas habilidades sociais percebidas ou reais (item 8).

É importante ressaltar que não existe uma correspondência "um para um" entre estratégias específicas e fatores mantenedores específicos. Pelo contrário, todas as estratégias se relacionam praticamente com todos os aspectos do ciclo mantenedor e são projetadas para estimular a aprendizagem por meio de exercícios experienciais e cognitivos, bem como por meio de informações diretas. Então, eu o encorajo a aprender e testar as estratégias apresentadas em todos os capítulos, mesmo que você decida se concentrar mais em algumas do que em outras em sua abordagem personalizada para superar a ansiedade social. Por último, tenha em mente que a chave para o sucesso em todos os casos é a exposição, que será nosso próximo tema.

3
A chave é a exposição

Muitas crianças têm medo de cachorro – algumas mais do que outras. Natalie tem pavor. Sempre que vê um cachorro, ela entra em pânico. Ela então se esconde atrás do pai ou sai correndo, gritando. Por isso, o pai decide ajudar Natalie a superar esse medo, colocando-a gradualmente em contato com vários cachorros mansos de raças diferentes. De vez em quando, o pai e a filha vão dar uma volta no parque; ele se aproxima de donos de cachorros com aspecto manso e estimula Natalie a interagir com os animais. No começo, Natalie sente muito medo, mas, aos poucos, vai ficando mais confortável perto de cachorros. Por fim, ela deixa completamente de ter medo de cachorro e consegue até levar o pastor-alemão do vizinho para passear. Por quê? Porque o medo diminui com exposições repetidas. Natalie simplesmente aprendeu que não tem o que temer. O medo é como um parasita – não pode viver por conta própria; sobrevive apenas se é alimentado e protegido pela evitação.

O leitor crítico poderá dizer: "Ok, tudo bem... isso até pode servir para uma criança com medo de cachorro, mas não para o que sinto quando preciso falar nas reuniões da minha empresa". Outro leitor talvez diga: "Essa explicação não pode ser verdade, porque eu enfrento situações sociais constantemente no dia a dia. E mesmo assim minha ansiedade social não melhora; muito pelo contrário, ela piora com o tempo".

A ansiedade social com certeza é um problema e, em casos extremos, pode ser debilitante. A comparação feita com o medo que uma criança tem de cachorro não pretende desmerecer ou banalizar seu problema. Ao contrário, o exemplo ilustra como a redução do medo funciona em princípio, e essa reação é a mesma tanto para sua ansiedade social quanto para o medo de cachorro de Natalie. Estudos demonstram que o enfrentamento repetido e prolongado com o objeto ou a situação temida na ausência de quaisquer comportamentos de evitação acaba levando à redução da resposta ansiosa. Isso se mantém independentemente de qual seja o objeto ou situação temida. Você se lembra do quão ansioso ficou quando estava aprendendo a dirigir? Dirigir um carro não é como caminhar na praça, e não é algo isento de perigos. Depois de ter ficado muitas vezes atrás do volante, dirigir passou a ser natural, e sua ansiedade magicamente sumiu com o tempo. Entretanto, apesar das exposições repetidas, muitas pessoas não sentem uma diminuição em sua ansiedade social com o tempo, porque algo as está impedindo de experimentarem essa redução. Se isso soa familiar, talvez você esteja se engajando em comportamentos de evitação sutis, como preparar obsessivamente sua fala ou segurar seu copo com muita força para evitar utilizar as mãos enquanto conversa com as pessoas. Algumas dessas estratégias de evitação podem ser bem sutis.

O que está impedindo que sua ansiedade social diminua com o tempo? Quais são esses fatores mantenedores? O que os mantêm vivos? Por que você ainda não se acostumou com eles? A versão curta da resposta é dupla: (1) porque pessoas com TAS não têm tanto medo das situações sociais em si, mas dos atributos próprios (as muitas falhas percebidas) que são ativados nessas situações (Moscovitch, 2009), e (2) porque a evitação e os pensamentos negativos levam à manutenção da ansiedade social. Por exemplo, se você sempre evita ir a um encontro anual de amigos, sua ansiedade em relação à ocasião continuará existindo, simplesmente porque a evitação é a razão principal que explica a manutenção da ansiedade. A versão mais longa dessa resposta é apresentada a seguir.

O BOM, O MAU E O FEIO

A ansiedade é uma resposta normal. Ela é adaptativa porque nos protege do perigo. A partir de uma perspectiva evolutiva, ter apoio social também é algo altamente adaptativo. Os humanos são mais bem-sucedidos em grupos. Se nossa tribo ou família tivesse nos expulsado, nossas chances de sobrevivência teriam caído drasticamente. Teríamos sido presa fácil para animais selvagens, e ninguém estaria lá para nos ajudar a construir nosso abrigo e procurar comida. Ser avaliado negativamente pelos outros sinaliza uma possível exclusão de nosso grupo social. Portanto, a ansiedade social e o medo da avaliação negativa são adaptativos (e bons), contanto que os experimentemos em situações que justifiquem tal ansiedade. Independentemente de ser adaptativa ou não, a ansiedade sempre é uma experiência desagradável. Por essa razão, queremos evitá-la, mesmo quando a ansiedade vem para nos ajudar. Depois de conseguirmos evitar a ansiedade com sucesso, como, por exemplo, ao sair mais cedo do que o planejado de uma festa ou nem mesmo comparecer ao evento, provavelmente sentiremos alívio por termos nos afastado da situação. É possível que fiquemos satisfeitos por termos acabado com o sofrimento (no caso, ver-se ansioso e utilizar estratégias redutoras de ansiedade) ou satisfeitos por termos sido capazes de nos desvencilhar da ansiedade (no caso, decidir nem sequer se colocar na situação).

Contudo, esse alívio não é igual àquele experimentado quando uma dor passa ou após a tomada de uma decisão difícil. É um sentimento agridoce de alívio. Talvez você também se sinta triste, desapontado, com raiva de si mesmo, ou assustado e preocupado com cenários parecidos no futuro. Por exemplo, se você saiu mais cedo de uma festa da qual participavam amigos próximos, talvez passe cada segundo do dia seguinte ruminando se eles sentiram sua falta ou se divertiram mais sem você lá, mesmo que tenham sido eles que o convidaram para a festa, para começo de conversa. Você seria capaz de evitar sua ansiedade novamente no futuro? E se não puder utilizar a mesma estratégia de evitação da próxima vez que se deparar com uma situação semelhante? E se a estratégia não funcionar tão bem quanto agora? Como resultado, as pessoas costumam se sentir ainda mais ansiosas em relação à situação depois de terem se esquivado com sucesso de situações semelhantes no passado. A evitação é um método imperfeito de redução da ansiedade disfuncional. Ela ajuda no momento presente, ao afastar a situação desconfortável, mas torna ainda mais difícil lidar com o desconforto em situações semelhantes no futuro. Ela nos ensina que não podemos lidar com o desconforto da ansiedade social, mesmo que, na verdade, sejamos, sim, capazes de lidar com ele.

A relação entre ansiedade e evitação está ilustrada na Figura 3. Ela mostra as duas consequências dos comportamentos de evitação. A primeira é o alívio. Ele é a consequência positiva imediata e de curto prazo da ansiedade. Entretanto, há também uma consequência negativa em longo prazo da evitação: você sempre se sentirá ansioso nessa situação em particular. Na verdade, talvez até se sinta mais ansioso em relação a uma situação semelhante no futuro simplesmente *porque* a evitou antes. O nível de ansiedade elevado que você experimentou mesmo antes de entrar na situação é chamado de *ansiedade antecipatória*. Se você tem uma ansiedade antecipatória elevada em relação a uma situação social, muito provavelmente utilizou estratégias de evitação no passado. Por exemplo, deixar a festa mais cedo reduz sua an-

FIGURA 3 O círculo vicioso da ansiedade e da evitação (*copyright* Stefan G. Hofmann, 2022).

siedade e é uma forma de evitação. As pessoas não costumam perceber que usam estratégias de evitação, mesmo quando elas o fazem. Identificar a evitação pode ser desafiador. Isso porque a evitação é inteligente – muito inteligente –, mas somos capazes de ser mais inteligentes ainda ao quebrar o ciclo de ansiedade-evitação por meio da exposição prolongada e/ou repetida à situação ansiogênica.

A ANSIEDADE É TÃO INTELIGENTE QUANTO VOCÊ

"E aí, vamos beber uma depois do serviço?", pergunta-lhe um colega de trabalho. A pergunta vem do nada e o atinge em cheio. Você está tão chocado que a única resposta que consegue dar é: "Claro". Por dentro, sente-se em pânico. "Ótimo. Vamos nos encontrar lá embaixo às 17h", o colega lhe responde, sorrindo. Contudo, enquanto ele se afasta, você se ouve dizendo: "Espere aí! Esqueci que preciso terminar um relatório para amanhã. Desculpe. Talvez na próxima".

Sua evitação marcou mais um ponto. Da próxima vez, você encontrará outra maneira criativa de evitar. Lembre-se, comportamentos de evitação podem ser difíceis de identificar. Isso porque a evitação é muito inteligente. Na verdade, ela é tão inteligente quanto você. Pode até ser que haja, de fato, um relatório para terminar em breve. Sempre haverá uma razão para justificar sua impossibilidade de se colocar em uma determinada situação social. Qual é sua estratégia de evitação favorita? Eis alguns exemplos do que as pessoas fazem antes ou durante situações que envolvam falar em público a fim de reduzirem sua ansiedade:

- Adiar ou fugir da apresentação por várias razões (p. ex., "Hoje simplesmente não é um bom dia"; "Não me sinto bem"; "Não tenho tempo porque preciso fazer isto antes"; "Meu cachorro está com diarreia").
- Tomar medicamentos, como betabloqueadores (propranolol ou atenolol), antes de falar.
- Preparar-se obsessivamente para a apresentação (p. ex., estudar o tópico e as áreas relacionadas tão profundamente de modo a ser capaz de responder a qualquer pergunta).
- Decorar a fala e levar anotações detalhadas para eventual consulta.
- Meditar e praticar exercícios de relaxamento antes da fala.
- Carregar balas de hortelã consigo.
- Vestir-se com esmero.
- Vestir algo especial, como gravata, blusa, sapatos, etc.
- Levar sua caneta favorita.

Olhe para si mesmo por um instante a partir da perspectiva de um observador externo e pergunte-se: "Qual é a verdadeira função desses comportamentos?". Você tem algum deles regularmente antes ou durante situações sociais e por acaso acha que eles o ajudam a reduzir sua ansiedade? Nenhuma dessas razões é totalmente irracional. Todas fazem sentido, porque a evitação é tão inteligente quanto você. A evitação sempre encontrará razões que justifiquem sua ação ou omissão diante de algo; algumas podem ser mais convincentes do que outras. Contudo, no fim das contas, este é o resumo: se você está lutando contra a ansiedade social, isso significa que está evitando o sentimento de ansiedade de alguma forma. Ponto. E esse é o principal motivo pelo qual sua ansiedade é tão persistente. Eis alguns exemplos concretos das estratégias de evitação de Sarah. (Você encontra uma cópia em branco desta tabela na página do livro em loja.grupoa.com.br.)

Sarah sempre se prepara demasiadamente para falar, a não ser que possa evitar completamente a situação. Ela também criou o hábito de carregar balas de hortelã consigo, no caso de ficar com a boca muito seca e a voz falhar. Além disso, ela costuma fazer exercícios de relaxamento antes de sua fala. A ansiedade social de Sarah não se limita a falar em público. Encontros sociais costumam ser ansiogênicos também. Se não consegue evitá-los, ela geralmente consome álcool. Embora o álcool faça Sarah se sentir confortável e ela não beba em excesso, ele ainda configura um comportamento de evitação, pois a impede de enfrentar seu medo social.

Sarah fez um ótimo trabalho identificando algumas de suas estratégias de evitação sutis. Por exemplo, ela foi capaz de perceber que se preparava mais do que o necessário para uma fala. Ela fez isso para reduzir a ansie-

TABELA 2 As estratégias de evitação mais comuns de Sarah

Estratégia de evitação	Quão frequentemente você a utiliza? (Quase nunca, às vezes, comumente, quase sempre, ou sempre)
Preparar-se demasiadamente para uma fala (como na semana passada)	Sempre
Carregar balas de hortelã comigo	Sempre
Inventar uma desculpa para evitar a situação (como na semana passada)	Quase sempre (quando possível)
Consumir bebida alcoólica em encontros sociais	Comumente
Fazer exercícios de relaxamento antes da fala	Comumente
Levar atenolol	Comumente
Tomar atenolol	Às vezes
Não ir de forma alguma	Quase nunca
Fugir da situação	Quase nunca

dade, classificando a ação, corretamente, como estratégia de evitação. Esse exemplo ilustra bem como a evitação pode se manifestar de formas distintas. A evitação não significa somente deixar de enfrentar a situação temida. Relembrando, definimos evitação, de uma forma bastante ampla, como qualquer coisa que você faz ou deixa de fazer para não precisar enfrentar seu medo. No caso de Sarah, isso incluía se preparar em demasia para a fala (porque ela costumava evitar enfrentar seu medo), carregar consigo balas de hortelã e simplesmente inventar uma desculpa para não encarar a situação temida.

Todos esses comportamentos são estratégias de evitação – alguns mais sutis do que outros. A forma mais óbvia de evitação é não se expor de jeito nenhum à situação social (por diversas razões, mais ou menos plausíveis). Outros comportamentos (ou a falta deles) são mais difíceis de identificar como comportamentos de evitação. No entanto, em cada caso, você faz (ou deixa de fazer) algo que o impede de enfrentar seu medo. Algumas dessas atividades podem ser tão facilmente justificadas que nem mesmo é necessário mencionar a ansiedade. Por exemplo, você pode dizer a si mesmo que é apenas uma pessoa buscando a perfeição e que, assim, gasta mais tempo se preparando, estudando e praticando sua apresentação ou aparição em público do que a maioria das pessoas. Ou talvez diga a si mesmo que simplesmente gosta de exercícios de relaxamento, pois eles são, no geral, saudáveis. Ou você pode se convencer dizendo, ainda, que veste essas roupas especiais para se apresentar porque é alguém estiloso. E a caneta favorita lhe traz sorte, certo? Percebe o quanto a evitação pode ser inteligente?

A EVITAÇÃO É A MELHOR AMIGA DA SUA ANSIEDADE

Imagine-se em seu escritório, sentado diante do computador, navegando na internet. A manhã está calma, e você, meio entediado. De repente, sua chefe aparece e lhe pede que se junte a ela na grande sala de reuniões, onde um grupo numeroso de pessoas está reunido. Sua chefe quer que você faça uma apresentação para esse grupo sobre um projeto no qual esteve envolvido recentemente. Mas você sabe bem pouco a respeito. Nenhum de seus colegas que trabalharam no projeto está por perto. O que aconteceria com sua ansiedade?

Consideremos que essa situação gerou muita ansiedade e que você deu a ela nota 9, em uma escala de 1 a 10 (ver Figura 4). Você odeia decepcio-

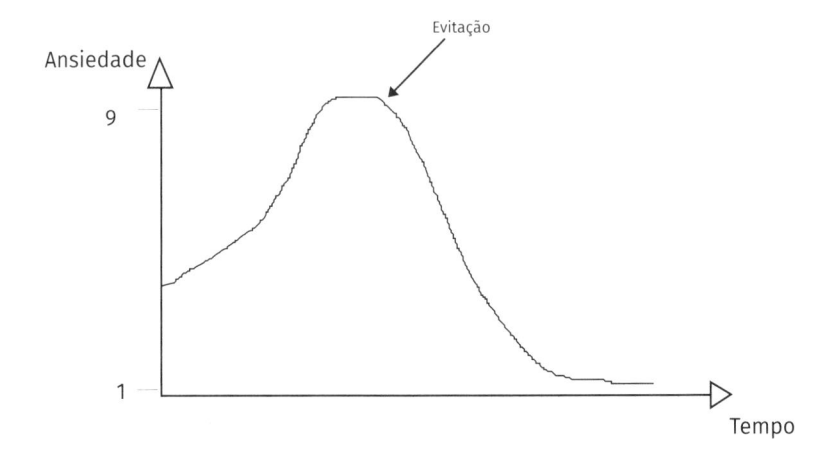

FIGURA 4 Curso temporal da ansiedade com evitação (*copyright* Stefan G. Hofmann, 2022).

nar sua chefe, mas decide inventar uma desculpa e dizer que não poderá se juntar a ela, pois tem de terminar um projeto importante. Sua chefe diz: "Que pena", e sai. O que aconteceria com sua ansiedade depois de ter evitado a apresentação? É bem provável que ela diminuísse de repente e que você sentisse alívio e, provavelmente, um pouco de culpa. Essa é a consequência positiva em curto prazo. Outro resultado, porém, é que você jamais saberá o quão ruim a situação teria sido e se seria capaz de dar conta dela ou não. É claro, você também perderia a oportunidade de experienciar um desfecho positivo da situação caso tivesse impressionado colegas e superiores, o que poderia ter feito sua carreira avançar, ou abrir portas para novas amizades. Portanto, situações semelhantes no futuro criarão a mesma (ou talvez mais) ansiedade. Esta é a consequência negativa em longo prazo da evitação: ela levará à mesma (ou mais) ansiedade caso a situação se repita.

COMO ACABAR COM A ANSIEDADE SOCIAL

Até agora, discutimos as razões pelas quais a ansiedade social pode persistir por muitos anos e o porquê de ela ser tão debilitante e difusa. A próxima seção apresentará as várias estratégias que podem acabar com ela. Como você deve se lembrar, a ansiedade é formada por três componentes: comportamentos, sintomas corporais e pensamentos (ver Figura 1).

Tais componentes interagem entre si e alimentam uns aos outros, o que contribui para essa característica difusa do problema. Essa é a má notícia. A boa notícia, porém, é que isso nos dá várias possibilidades para modificar nossa ansiedade social.

Deixando a ansiedade diminuir por conta própria

Imaginemos, agora, um cenário diferente: sua chefe entra no escritório e pede a você que faça uma apresentação para muitas pessoas sobre um tópico com o qual não está muito familiarizado. Em vez de evitar a situação, você entra na sala. As pessoas param de falar. Os olhares estão todos em você. Todo mundo à espera de sua fala. Sua ansiedade agora atinge níveis inimagináveis (Figura 5). Digamos que, no momento, você está diante de todas essas pessoas; todas olhando para você, esperando que comece a falar. Você pode sentir o coração batendo forte, as palmas das mãos suando, etc. Vamos considerar que você tivesse uma máquina do tempo e pudesse pressionar o "pause", permanecendo nessa situação por um tempo. Então, pressionemos o "pause" em nossa máquina do tempo. Como ficaria sua ansiedade, digamos, depois de dois minutos... depois de 10 minutos... e depois de uma hora (nossa máquina do tempo ainda está pausada)... como sua ansiedade ficaria depois de duas horas... e como ficaria depois de 10 horas, com você parado e a plateia o observando com grande expectativa? Como mostra a Figura 5, sua ansiedade acabará perdendo a força, porque *a ansiedade diminuirá por conta própria se você não a evitar. Independentemente de qualquer coisa.*

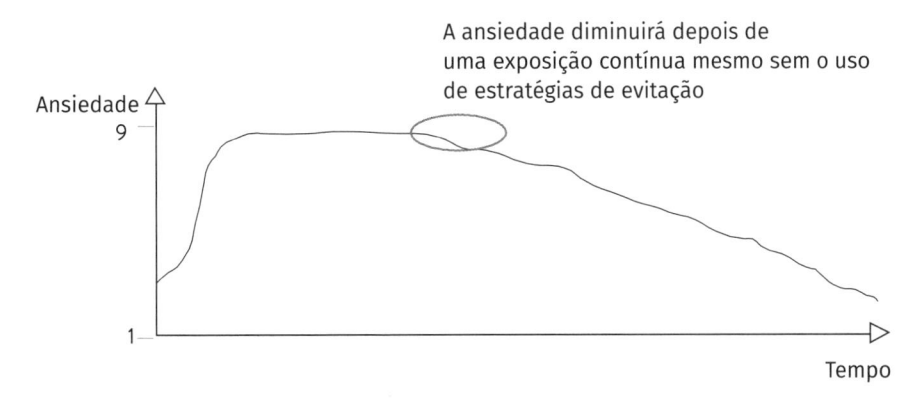

FIGURA 5 Curso temporal da ansiedade sem evitação (*copyright* Stefan G. Hofmann, 2022).

Quando comparamos as Figuras 4 e 5, fica claro que demorará muito mais para a ansiedade diminuir se você não fizer uso de estratégias de evitação. Ela pode até mesmo ficar no nível máximo por um longo período, e pode ser que ela suba e desça por um tempo antes de começar a perder a força gradualmente. Entretanto, a ansiedade acabará diminuindo, e por conta própria. Tal redução em sua resposta de ansiedade ocorre automática e naturalmente. Seu corpo tem mecanismos regulatórios que se ativam durante exposições repetidas e contínuas ao estresse. No geral, o termo "estresse" se refere a reações a eventos que percebemos como ameaças ao nosso bem-estar geral. É importante observar que é nossa *percepção* acerca de um evento – e não o evento em si – que causa a resposta de estresse. Por exemplo, conhecer pessoas novas pode ser prazeroso para uns e ansiogênico para outros.

Os cientistas podem observar e mensurar várias mudanças psicológicas e fisiológicas típicas quando uma pessoa percebe algo como estressante. Reações psicológicas ao estresse costumam ser respostas emocionais que vão da satisfação (quando o evento é difícil, porém manejável e agradável) à ansiedade, frustração, raiva e depressão (quando o evento é percebido como incontrolável). A resposta de estresse fisiológico é resultado de uma sequência bastante complexa de mecanismos biológicos. Algumas dessas respostas são de curta duração e se resolvem rapidamente, ao passo que outras são mudanças de longa duração com o propósito de se adaptar à presença contínua de um estressor.

As mudanças em curto prazo, do tipo emergenciais, em resposta ao estresse são aquelas da resposta de luta ou fuga (que já discutimos). Nosso corpo é equipado com esse sistema para nos preparar para lutar ou fugir na presença de perigo (ou melhor, perigo percebido). Diante de um estressor (como um evento, tarefa, situação ou objeto estressante), nosso corpo precisa de energia. Portanto, o fígado libera açúcar extra a fim de abastecer os músculos. Hormônios do estresse são liberados em nossa corrente sanguínea, ativando nosso sistema de resposta de luta ou fuga. Como resultado, nossa frequência cardíaca, pressão arterial, frequência respiratória e tensão muscular aumentam; nossa boca fica seca, e as paredes dos vasos sanguíneos se contraem, entre outras mudanças.

A maior parte dessas mudanças fisiológicas resulta da ativação do sistema neuroendócrino, que é controlado, principalmente, pelo hipotálamo, uma pequena estrutura localizada no meio de nosso cérebro. Um dos sistemas que são controlados pelo hipotálamo é o ramo simpático do sistema nervoso autônomo. O sistema nervoso simpático, então, age diretamente sobre nossos órgãos e músculos para aumentar a frequência cardíaca, as flutuações na atividade eletrodérmica e a pressão arterial, bem como para produzir outras mudanças. Ele também estimula a liberação de adrenalina e cortisol na corrente sanguínea; esses hormônios costumam ser chamados de "hormônios do estresse". Isso leva ao aumento da frequência cardíaca, da pressão arterial e da atividade eletrodérmica, entre outras coisas.

Depois de certo tempo, quando a situação estressante (ansiogênica) persiste, nosso corpo começa a se regular para diminuir o nível de ativação. O sistema nervoso parassimpático, um daqueles dois ramos de nosso sistema nervoso autônomo, torna-se mais ativo, ao passo que a influência do outro ramo, o sistema nervoso simpático, decresce. Como resultado, nossa frequência cardíaca diminui, a frequência respiratória vai se acalmando, menos sangue é transportado para os grandes grupos musculares e para a periferia, e assim por diante. Em outras palavras, nosso corpo por fim se habitua à situação ansiogênica. No entanto, a habituação é mais eficaz quando você experimenta a ansiedade em sua plenitude. Isso significa ficar na situação por um período prolongado sem utilizar qualquer tipo de estratégia de evitação. A conversa a seguir, entre Sarah e eu (seu terapeuta), é um ótimo exemplo:

Sarah: De que jeito enfrentar nossa ansiedade pode ajudar, sendo que é ela que nos faz sofrer há tanto tempo?

Terapeuta: Porque, a cada vez que sentimos ansiedade, nossa reação é tentar fazê-la desaparecer. E isso é ruim porque a evitação leva à manutenção da ansiedade. A ansiedade não consegue sobreviver sem a evitação. Faz sentido?

Sarah: Mas como fazemos quando nos sentimos ansiosos? Devo tentar me convencer dizendo algo do tipo: "Ótimo! Estou ansiosa. Isso é maravilhoso! Minha boca está seca como palha. Não consigo pensar no que quero falar. Estou tremendo, ficando vermelha... sinto-me horrível e quero sair correndo". De que jeito isso pode me ajudar?

Terapeuta: Boa observação, Sarah. O que você acha? Por que a exposição repetida e prolongada a situações assustadoras faz diminuir a ansiedade nessas mesmas situações? Isso já aconteceu com você?

Sarah: Sim. Uma amiga minha tem conseguido me arrastar para umas aulas de zumba. Eu realmente não gosto de ir, mas não consigo dizer não para ela. Ela quer muito que eu a acompanhe nas aulas... e, embora eu tenha ficado bem ansiosa no começo, a ansiedade meio que passou sozinha.

Terapeuta: Excelente. Por que ela diminuiu?

Sarah: Não sei. Talvez eu tenha me acostumado a ela.

Terapeuta: Pode me explicar melhor, Sarah?

Sarah: Como você disse, a ansiedade diminui por conta própria depois de um tempo.

Terapeuta: Isso. Se você a evita, vai continuar a sentir essa ansiedade nessa situação específica. E isso não serve apenas para a ansiedade – a partir do momento em que você tenta controlar a emoção, a emoção passa a controlá-la. A única maneira de se livrar da ansiedade é aceitando que ela existe – abraçá-la, deixá-la derramar-se sobre você, acolhê-la, permitir que fique por aí se ela quiser. No fim, a ansiedade vai diminuir. E quanto mais frequente, longa e intensa for sua experiência de ansiedade nessa situação em particular, menos ansiosa você se sentirá no futuro. E não há nada que você precise fazer. Apenas experimente a ansiedade em sua plenitude; não faça nada para que ela desapareça ou diminua. Não estou dizendo que você precisa aprender a gostar do sentimento da ansiedade. A ansiedade é uma experiência normal, mas muito desagradável. Ninguém gosta de se sentir ansioso. É por isso que a indústria farmacêutica cria ansiolíticos, e não ansiogênicos – porque eles provavelmente não venderiam bem...

Esse exemplo demonstra o princípio da terapia de exposição: enfrente seu medo, e ele diminuirá. A diminuição da ansiedade como resultado da exposição prolongada e repetida é chamada de habituação. Como discutimos antes, isso acontece por vários motivos. O ponto principal aqui é que a coisa funciona; a ansiedade *acabará* diminuindo se você não a evitar. Isso funciona para todas as espécies e para todos os humanos. Não há exceções.

Ensinando um novo hábito ao seu corpo

Consideremos que você decidiu não evitar o pedido de sua chefe para juntar-se a ela na sala de reuniões, apesar da apreensão que sentiu. Consideremos, também, que fosse possível ficar nessa situação o quanto quisesse (i.e., rebobinaríamos a máquina do tempo e repetiríamos a cena várias vezes). O que você acha que aconteceria nas próximas vezes em que se deparasse com a mesma situação, depois de ter se exposto com sucesso a ela pela primeira vez? Como demonstrado na Figura 6, você sentiria menos ansiedade antecipatória, uma ansiedade máxima menor e uma redução mais rápida da

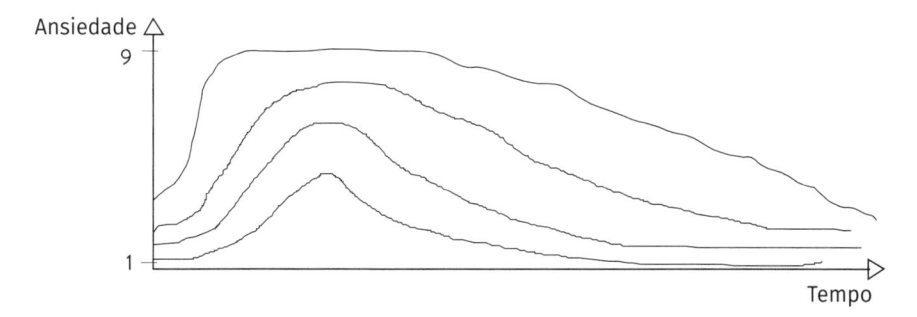

FIGURA 6 A ansiedade depois de exposições repetidas à mesma situação (*copyright* Stefan G. Hofmann, 2022).

ansiedade. As quatro curvas na Figura 6 representam as quatro vezes em que você se deparou com a mesma situação. A curva de cima representa a resposta de ansiedade típica da primeira vez em que se deparou com a situação. Essa curva é idêntica à da Figura 5. A curva de baixo é sua ansiedade depois de inúmeras vezes se expondo à mesma situação sem fazer uso de estratégias de evitação. À medida que a ansiedade diminui com o tempo, você fica mais confortável na situação, o que também tem um efeito positivo em seu desempenho.

A habituação é um processo de aprendizagem. Como qualquer outro processo de aprendizagem, ela leva tempo, mas se tornará mais fácil quanto mais você repeti-la e quanto mais perceber que (a) o desfecho temido não vai acontecer e, (b) se acontecer, você pode enfrentá-lo. Infelizmente, tal processo de aprendizagem pode ser bastante doloroso, pois ele exige que você permaneça na situação e resista a um excesso de desconforto por um período prolongado. Entretanto, existe uma recompensa: sua ansiedade acabará diminuindo. Você aprenderá que consegue tolerar não só a ansiedade, mas também aquilo que o deixa ansioso. E quanto mais você se expuser à mesma situação sem utilizar quaisquer estratégias de evitação, menos ansioso irá se sentir no futuro.

O difícil de aceitar é que somente a exposição repetida e prolongada leva à habituação. Uma única exposição breve não dá conta da situação. Você precisa repetir o procedimento por tempo suficiente e/ou com a frequência necessária de modo a se acostumar com a situação, o que, por fim, faz a ansiedade diminuir. Caso sinta que as coisas não podem piorar muito, apenas siga em frente; existe uma luz no fim do túnel. Isso demanda um voto de confiança e bastante coragem de sua parte; você é corajoso porque enfrenta uma situação apesar de seu medo. Lembre-se de que a evitação é definida, de modo geral, como qualquer coisa que você faz ou deixa de fazer que o impede de enfrentar seu medo. Isso costuma se transformar em um hábito, e hábitos são difíceis de identificar e de abandonar. Lembre-se, também, de que a evitação é tão inteligente quanto você, e geralmente arruma desculpas que justifiquem suas atitudes. A evitação sempre busca razões que o impeçam de fazer o necessário agora, e algumas são mais convincentes do que outras. Mas, no fim das contas, temos o seguinte: você está evitando. Ponto final.

Tomando uma decisão inteligente

Evitar é uma escolha. Não evitar é uma escolha. Ambas as escolhas têm consequências. Você se lembra das consequências em curto e longo prazos da evitação? (Por gentileza, revise a Figura 3.) A consequência em curto prazo da evitação é o alívio, e em longo prazo, a manutenção da sua ansiedade. Por outro lado, a consequência em curto prazo da exposição é o desconforto, ao passo que a consequência em longo prazo é a eliminação da sua ansiedade. Assim, tanto a evitação quanto a exposição trazem consequências em curto e longo prazos. No entanto, a razão do seu problema se deve apenas à consequência negativa em longo prazo da evitação. As diferentes consequências da exposição e da evitação aparecem resumidas na Tabela 3.

A forma como você vai responder à ansiedade é algo que depende apenas da sua decisão. A maneira rápida e fácil de lidar com ela (evitando-a) leva à manutenção – e, em geral, à piora – do problema. Por outro lado, seguir o caminho mais difícil (exposição) é bastante complicado no começo, mas vai ficando mais fácil com o tempo e, por fim, leva à eliminação da ansiedade. Se você evita, a ansiedade o controla. Mas, ao se expor, você dá o primeiro passo em direção ao controle da ansiedade.

Linguistas e cientistas da comunicação gostam de dizer que é impossível não se comunicar. Tão logo duas pessoas se encontram em algum espaço, existe comunicação: certas mensagens são passadas verbalmente, outras,

TABELA 3 Consequências em curto e longos prazo da evitação e da exposição

	Consequência em curto prazo	Consequência em longo prazo
Evitação	Alívio	Manutenção da ansiedade
Exposição	Desconforto	Eliminação da ansiedade

Fonte: copyright Stefan G. Hofmann

não verbalmente, por meio de expressões faciais e gestos, ou pela falta destes. Se você continua recebendo *e-mails* ofensivos de alguém e decide não responder, uma vez que costuma responder aos *e-mails* prontamente, isso passa a seguinte mensagem: "Eu vou ignorá-lo (seu babaca)". Quando você começa a ignorar seu filho de 4 anos que fica lhe pedindo repetidamente "Quero sorvete" depois de já ter lhe dito não inúmeras vezes, é provável que esteja passando a mensagem: "Fique quietinho, senão o papai vai ficar bravo". A ação, ou falta dela, pode significar várias coisas e só pode ser compreendida quando se conhece a intenção do agente e o contexto da situação. É interessante observar que a decisão de não responder ao pedido ou à provocação pode ter tanto significado quanto respondê-los diretamente.

Enfrentar uma situação que gera medo também pode ser considerado uma provocação. Da mesma forma, se você acha que a evitação simplesmente significa procrastinar, repense. Toda vez que evita, você comunica para si mesmo e para os outros que a ansiedade é mais forte do que você. Toda vez que evita, você está tomando uma decisão contrária a uma vida independente e livre de ansiedade e a favor de uma vida controlada pela ansiedade. E toda vez que não evita, você está sendo corajoso e escolhendo o caminho difícil, com o objetivo de se libertar da ansiedade no futuro. Você pode comparar o processo a um jogo de futebol: todas as vezes que você evita, a ansiedade (o outro time) marca um gol. Isso significa que você terá de se esforçar muito mais para vencer. Quanto mais você evita, mais difícil fica a vitória. Em outras palavras, a evitação não significa somente adiar uma decisão. Muito pelo contrário: ela significa tomar uma decisão a favor da ansiedade e contra uma vida independente.

Então, faça disso uma prioridade para as próximas semanas, enquanto você vai colocando em prática o que lê neste livro. Nada deve ser mais importante do que lidar com sua ansiedade social neste momento. Nada. Nem mesmo o seu cachorro com diarreia. Você pode ganhar muito – e tem pouquíssimo a perder. Essa nova abordagem à ansiedade não vai somente fazer você se sentir mais confortável em situações de desempenho social. É muito mais que isso; ela implica uma mudança em seu estilo de vida. Claramente, dizer não à evitação também significa escolher o caminho difícil com o objetivo de viver uma vida melhor no futuro – uma vida sem ansiedade. Isso se aplica a praticamente todas as áreas de sua vida. Portanto, da próxima vez que se pegar evitando, tenha consciência de que, ao mesmo tempo, você está optando por uma vida controlada pela ansiedade – e afastando-se de uma vida livre de ansiedade.

A evitação pode muito em breve cochichar em seu ouvido: "Não dê importância a este livro; não faça os exercícios de exposição; não vai adiantar".

Nesse caso, fale para a evitação calar a boca e diga que os fará sim, pois, se não os fizer, jamais saberá, a não ser que tente. Vale a pena tentar. Você não tem nada a perder além de sua evitação e ansiedade.

A MELHOR EXPOSIÇÃO É A EXPOSIÇÃO REAL

As exposições mais eficazes são aquelas da vida real. Nada supera uma situação real. Contudo, exposições a coisas que se aproximam da vida real também podem ser bem úteis. Ensaiar uma fala diante do espelho, ou para seu gato ou cachorro, é melhor do que nada. Se puder convencer seu amigo a servir de plateia, melhor ainda. Existem muitas empresas que se especializam em realidade virtual, o que permite aos usuários realizarem exposições via realidade virtual. Durante as exposições de realidade virtual, você coloca um *headset*, e um computador exibe uma cena virtual com a situação temida, como uma sala de aula. Isso pode ser benéfico, especialmente como um passo inicial em direção à exposição mais real. Se você for passar pela exposição da realidade virtual, certifique-se de que a situação criada desencadeie ansiedade e, então, a enfrente, sem utilizar nenhuma estratégia de evitação para reduzir seu medo. Outra modificação é a "exposição imaginária" – a exposição repetida a uma imagem temida. Eis um exemplo. Por favor, leia o parágrafo a seguir e imagine a cena o mais vividamente que puder:

> Você tem de fazer uma apresentação para uma sala lotada. Todo mundo está olhando para você, esperando que comece a falar. Seu pânico é intenso enquanto olha para o público. Sua boca está seca. Você sente muito calor e seu rosto está vermelho. As palmas das suas mãos estão frias e suadas. Seu coração está batendo rápida e intensamente. Você se sente meio zonzo e tonto. Pensamentos negativos o dominam por completo enquanto olha para a plateia.

Agora, feche os olhos e imagine essa cena o mais vividamente que puder por alguns minutos.

É provável que você tenha experimentado alguns sentimentos de desconforto à medida que imaginava a situação. Sabemos que imaginar uma situação temida cria reações muito semelhantes, embora menos intensas, àquelas da situação real. As pessoas diferem em sua habilidade de imaginar uma cena com riqueza de detalhes. Quanto mais vívida for a cena imaginada, mais próximo da realidade será o sentimento.

Psicólogos usam o princípio da exposição imaginária ao pedirem aos seus pacientes que imaginem repetidamente uma cena temida com o máximo possível de detalhes. Tais exposições podem, então, dar-lhe a chance de praticar várias estratégias que descreveremos em mais detalhes adiante.

EXPOSIÇÕES COLOCAM À PROVA SUAS SUPOSIÇÕES

Expor-se a uma situação temida lhe dá a oportunidade de testar suas crenças e de enxergar se a consequência temida realmente ocorrerá. Pelo fato de ter se acostumado a evitar a experiência da própria ansiedade em sua plenitude nessas situações, você jamais se permitiu enxergar o que de fato acontece. A exposição funciona não somente porque faz você se habituar, mas também porque ela lhe dá a oportunidade de testar suas crenças e de examinar o real "perigo" da situação. Se você evita falar com seu colega de trabalho porque sente medo de ser rejeitado, nunca saberá se a pessoa realmente irá rejeitá-lo!

Apenas a exposição à situação irá lhe dizer se a situação é mesmo tão ruim quanto você acha que vai ser e, no caso de ser, se você tem as ferramentas para enfrentá-la ou não. Então, mesmo que o seu colega o rejeite – qual é o problema? É claro, seria desagradável, mas a vida continua. Existem muitas pessoas neste mundo que adorariam falar com você e que não o rejeitariam. Sendo assim, a exposição lhe dá a oportunidade de testar algumas de suas suposições negativas e de perceber que nada vai acontecer. Para que a exposição funcione, você precisa experienciar a ansiedade em sua plenitude de modo repetido e prolongado, colocar à prova seus pensamentos negativos e se arriscar. Você jamais saberá a não ser que tente. Tenho bem mais a dizer sobre isso depois.

A exposição repetida e prolongada fará você perceber que suas habilidades sociais não são tão ruins quanto as imaginou inicialmente, o que também irá aumentar sua autoconfiança. A partir do momento que começar a aprender novas maneiras de lidar com a situação e com sua ansiedade, seu senso de controle sobre as emoções e sobre a situação também aumentará. É um fato bem consolidado que a falta de controle gera estresse. Além do mais, demonstrou-se que a experiência repetida de situações incontroláveis e desagradáveis pode levar à ansiedade e à depressão. Pelo contrário, um senso aumentado de controle melhora seu humor e sua autoconfiança. Se você evita repetidamente a ansiedade em situações sociais, perceberá a situação como fora de seu controle e acreditará que a única maneira de controlá-la é por meio da evitação (que é, justamente, a pior estratégia de enfrentamento, em virtude das razões já discutidas). Expondo-se a situações temidas, você aprenderá maneiras que não conhecia antes de lidar com a ansiedade.

Uma razão de a exposição funcionar com você e outras pessoas com ansiedade social é porque você aprende que suas habilidades sociais não são tão ruins quanto pensava (na verdade, é possível que descubra que elas são até bastante boas) – em outras palavras, sua autoeficácia aumenta. Portanto, é importante receber algum *feedback* (honesto) a respeito de seu desempenho social, de modo que você possa avaliar as próprias habilidades sociais. É provável que haja bem pouco – se é que vai haver algo – a melhorar.

Concluindo, gostaria de frisar que, neste capítulo, tratei dos motivos que fazem da exposição uma estratégia tão central para superar a ansiedade social debilitante. Você aprendeu que a ansiedade, em si mesma, na verdade não é o principal problema, mas sim a evitação, e é nela que precisamos nos concentrar. A ansiedade não persistiria se você não a evitasse. Definimos evitação como qualquer coisa que você faz ou deixa de fazer para não enfrentar seus medos. Algumas evitações são óbvias, ao passo que outras formas de evitação são sutis e difíceis de identificar. A evitação é inteligente (tão inteligente quanto você), mas, depois que a entendemos, passamos a ter condições de lutar contra ela e eliminá-la. A evitação produz alívio em curto prazo, mas traz consequências catastróficas em longo prazo. Ao evitar situações temidas, você sente o alívio da ansiedade em curto prazo, mas, em longo prazo, a evitação é a responsável por manter sua ansiedade. Portanto, a evitação é a melhor amiga da ansiedade, e a ansiedade só continua porque você se esquiva dela. Isso também significa que a maneira mais eficaz de lidar com a ansiedade é lutando contra a evitação, e é possível eliminar a evitação por meio de exposições repetidas e/ou prolongadas. Tais práticas de exposição não são agradáveis. Contudo, elas são a única maneira de reduzir eficazmente, até eliminar, a ansiedade social em longo prazo. A beleza da exposição prolongada e repetida à situação temida é que as mudanças que ocorrem não se limitam às exposições programadas (p. ex., tornar-se mais confortável durante uma fala nas reuniões de quarta-feira); elas nem mesmo se limitam a apenas um tipo específico de situação (situações que envolvam falar em público). Em vez disso, as mudanças costumam se generalizar para várias situações sociais temidas (p. ex., fazer um brinde em um jantar, ir a um encontro, participar de reuniões). Como resultado, exposições repetidas ampliam sua vida e seu horizonte. Por meio da exposição, você investe na dor em curto prazo para ganhar liberdade em longo prazo.

4
Identificando e corrigindo erros de pensamento

"Eu sou mesmo um idiota. Vou fazer papel de bobo." Como você se sente lendo essas palavras? Nada bem, não é? Pensar nessas palavras enquanto se está diante de uma plateia ou jantando com alguém seria ainda pior. A maneira como pensamos tem uma influência incrivelmente poderosa sobre nossa resposta emocional. Nossos pensamentos são os filtros do mundo. Na verdade, não é a situação em si, mas antes nossas percepções, expectativas e interpretações dos eventos que são os responsáveis por nossas emoções. Digamos que você avista sua vizinha na rua. Você olha nos olhos dela e a cumprimenta em silêncio. Contudo, ela não responde e apenas passa por você. Existem várias possibilidades de interpretação dessa situação, as quais levam a diferentes respostas emocionais. Talvez você pense que ela não o enxergou e ache essa desatenção curiosa; outra possibilidade é pensar que ela está chateada ou zangada com você, o que pode deixá-lo preocupado; ou talvez você pense que ela o está ignorando porque não vai com a sua cara, o que o deixaria magoado. Sentimentos diferentes surgem dependendo da maneira como você interpreta uma mesma situação.

As ferramentas apresentadas neste capítulo o ensinarão a identificar e corrigir alguns dos padrões de pensamento que mantêm sua ansiedade social. Essas ferramentas são eficazes para abordar vários aspectos cognitivos que sustentam a ansiedade social, também chamados de fatores mantenedores (ver Capítulo 2, Figura 2: Manutenção do TAS). Isso inclui a tendência a focar sua atenção para dentro, o que pode fazê-lo notar aspectos de si mesmo de que não gosta quando está em situações sociais. Você aprenderá estratégias para modificar essa visão negativa de si mesmo e para ficar confortável consigo, bem como perceberá que as outras pessoas não compartilham essa sua visão negativa. As ferramentas de pensamento que ensino aqui também abordarão sua crença de que contratempos sociais trazem consequências desastrosas para você. Eles não fazem isso. Por fim, as ferramentas de pensamento o ajudarão a parar de ruminar sobre encontros sociais passados – não apenas no que se refere aos seus aspectos negativos, mas também aos ambíguos (coisas que poderiam ser interpretadas como positivas ou negativas), que você talvez tenda a interpretar negativamente. Mais uma vez, isso não ajuda, só piora a situação. Existe muito o que falar neste capítulo. Então, vamos começar.

Epiteto, um dos antigos filósofos gregos, resumiu essa observação na seguinte declaração: "Os homens não são movidos pelas coisas, e sim pela visão que possuem delas". Em outras palavras, somente nos sentimos ansiosos, com raiva ou tristes se pensamos que temos razão para estarmos ansiosos, com raiva ou tristes. O imperador romano (e filósofo estoico) Marco Aurélio (121-180 d.C.) disse: "Se te angustias com aquilo que se passar por fora, a dor não se deve à coisa em si, mas à tua estimativa dela, e isso tu tens o poder de revogares a qualquer instante". Por "estimativa", ele quis dizer interpretação, que, como discutimos antes, pode influenciar a dor ou ansiedade que experienciamos. No entanto, Marco Aurélio levou a ideia mais adiante ao dizer que temos a capacidade de rejeitar as interpretações que fazemos. Isso significa que podemos fazer algo a respeito de nosso pensamento. Temos como desacelerá-lo e nos tornarmos conscientes de nossos pensamentos automáticos, para então avaliar se eles são realistas ou não.

Devido ao fato de o pensamento poder ser automático e de você ter se acostumado a pensar de um mesmo modo por muito tempo, essas habilidades podem, de início, ser difíceis de aprender. Aprender a observar o próprio pensamento é uma habilidade que demanda paciência e prática. No começo, será difícil desacelerar e prestar atenção em seu pensamento, mas continue trabalhando nisso. Você não está sozinho! Lembre-se, é possível utilizar seus *sentimentos* de ansiedade como um sinal de que talvez existam pensamentos automáticos, irracionais e ansiosos abaixo da superfície que precisam ser examinados. Pensamentos sobre algum desfecho ruim possível são um componente central do sentir-se ansioso e costumam levar a sensações físicas e comportamentos relacionados à ansiedade. Sendo assim, mesmo se você não estiver consciente de quais são exatamente esses pensamentos, use os sentimentos como um indicador de que é hora de desacelerar e prestar atenção em seus pensamentos. Se você fizer isso consistentemente, começará a perceber mais padrões, e seus pensamentos automáticos serão mais fáceis de identificar.

Os pensamentos automáticos são como hábitos, e hábitos são difíceis de abandonar. Pense por este lado: se você passou anos pensando que as pessoas não gostam de estar perto de você, precisa trabalhar para perceber que algumas pessoas realmente gostam, sim, de estar ao seu lado. Contudo, primeiro você tem de tomar consciência desses padrões automáticos, testá-los para ver se são verdadeiros, modificá-los se necessário e, então, desenvolver padrões alternativos mais adaptativos. Por exemplo, se você sempre evita ir a festas, comece perguntando a si mesmo por que faz isso e com o que está preocupado. Se pensa que é por acreditar que ninguém irá querer conversar com você, teste o pensamento e comece a ir a festas. Se for a várias festas e ninguém falar com você, saberá que estava certo. Entretanto, se isso não ocorrer (e aposto que é esse o caso), está na hora de substituir o hábito antigo (ruim) por um novo (bom), o que significa que você deve começar a ir a festas para conversar com as pessoas! Falaremos mais sobre a natureza dos pensamentos automáticos depois.

O renomado psiquiatra e professor Aaron T. Beck (já falecido), da University of Pensilvânia, adotou esse princípio para tratar transtornos emocionais, incluindo o transtorno de ansiedade social (TAS) (Beck & Emery, 1985). A técnica resultante, a terapia cognitivo-comportamental (TCC), tornou-se a abordagem contemporânea de tratamento mais influente. No princípio, a TCC foi aplicada com sucesso ao tratamento da depressão, de modo que foi estendida para quase todos os transtornos mentais (Hofmann et al., 2012). Um modelo inicial da TCC para o TAS foi desenvolvido, e sistematicamente testado, por Richard Heimberg, Debra Hope, Ronald Rapee e colaboradores (Heimberg et al., 1990; Rapee & Heimberg, 1997). Muitos dos princípios descritos neste livro não teriam sido possíveis sem o trabalho inovador e pioneiro desses investigadores.

A palavra "cognitivo" em terapia cognitivo-comportamental significa que o tratamento se concentra, principalmente, em processos de pensamento. Contudo, a TCC não sugere que a terapia se limita à modificação de nossos pensamentos ou cognições. Significa apenas que o terapeuta chega às emoções do cliente por meio das cognições. As respostas emocionais e comportamentais do cliente são de igual importância. A TCC eficaz foca em todos os aspectos de um transtorno emocional, incluindo a experiência emocional, o comportamento e as cognições. Especificamente, a TCC inclui abordagens do tipo intelectual, experiencial e comportamental, todas estas sendo aspectos de vital importância da terapia. Como parte da abordagem *intelectual*, você aprende a identificar suas interpretações distorcidas/erradas, a testar a validade de seus pensamentos e a substituí-los por conceitos mais apropriados. A abordagem *experiencial* o expõe às experiências, a fim de modificar tais interpretações. O elemento central da abordagem *comportamental* é o desenvolvimento de formas específicas de comportamento que levam a mudanças mais gerais na sua maneira de enxergar a si mesmo e ao mundo.

Para ilustrar brevemente a técnica aplicada ao TAS, retomemos nosso cenário em que sua chefe lhe pediu para fazer uma apresentação para um grupo numeroso de pessoas sobre um assunto com o qual você não está familiarizado. Alguns pensamentos podem vir à mente, deixando-o bastante ansioso (p. ex., "Eu tenho que fazer uma apresentação perfeita e não posso parecer ansioso. Caso contrário, minha chefe ficará furiosa comigo"). Outros pensamentos podem, ao contrário, diminuir sua ansiedade (p. ex., "Todo mundo fica nervoso antes dessas apresentações. Posso cometer alguns erros e a apresentação ainda assim pode ser boa; as pessoas talvez nem percebam que estou ansioso"). Em um caso, a ansiedade pode facilmente fugir do controle, no outro, seus pensamentos podem, na verdade, acalmá-lo. Dependendo de como você se sente e do que pensa, seu comportamento também será diferente. Pensamentos ansiosos farão você querer evitar, ao passo que pensamentos não ansiosos o motivarão. Então, seus pensamentos causam diretamente suas emoções e seus comportamentos. É claro, seu comportamento também influenciará seus pensamentos e sentimentos, e seus sentimentos também influenciarão seus pensamentos e comportamentos.

PENSAMENTOS AUTOMÁTICOS

Os pensamentos servem a um propósito vital – eles nos ajudam a avaliar situações, fazer julgamentos rápidos, planejar soluções possíveis e considerar o que pode acontecer se agirmos de determinada maneira. Na verdade, dependemos tanto do pensamento que algumas vezes mal temos consciência de que estamos pensando! Isso é o que queremos dizer quando nos referimos ao *pensamento automático*. Os terapeutas cognitivos chamam esses pensamentos de "automáticos" porque eles podem ocorrer sem (ou com pouca) atenção consciente. Os pensamentos automáticos costumam gerar distorções da realidade, pois criam uma percepção inadequada, ou um exagero, da situação.

Os pensamentos automáticos ocorrem rapidamente. Há uma razão para isso: ser capaz de pensar de forma rápida é adaptativo. Você toma centenas de decisões todos os dias, incluindo o que comer, o que vestir, como ir ao trabalho ou à escola, a quais projetos se dedicar no trabalho, quais músicas escutar, o que assistir na televisão, a que horas dormir... enfim, você me entendeu. Isso é muita informação para seu cérebro processar! Se o processo de pensamento fosse deliberado e lento, gastaríamos tempo demais para avaliar uma situação e determinar nosso curso de ação. Em grande parte do tempo, o pensamento automático funciona muito bem para nós. Ele é menos custoso para nosso cérebro e nos permite avaliar situações sociais, fazer julgamentos rápidos e tomar decisões eficientes.

Contudo, às vezes, o pensamento automático cria problemas indesejados. A saber, nosso cérebro desenvolve atalhos que levam a erros e conclusões irracionais. Um exemplo é a vizinha que você viu na rua, que pareceu ignorá-lo ou não enxergá-lo. No primeiro caso, você concluiu precipitadamente que "ela não gosta de mim", ao passo que, no segundo, a tomou por desatenta. Tais atalhos mentais nos permitem pensar de maneira eficiente, mas são propensos a vieses, podendo contribuir, por exemplo, para estereótipos e preconceitos. Imagine que você precisa comprar um presente de aniversário para a amiga de sua filha de 5 anos e então considera que ela gosta de bonecas, e não de carrinhos. Embora isso possa parecer um exemplo relativamente inocente, estereótipos, algumas vezes, podem ser prejudiciais, pois são suposições generalizadas. Da mesma forma, atalhos mentais podem contribuir com vieses no pensamento que levam à ansiedade problemática.

ERROS DE PENSAMENTO

Sabemos que não há garantias de que todas as situações que você enfrenta serão bem-sucedidas. Inclusive, cair em uma ladainha motivacional infundada – "Tenho certeza de que minha apresentação vai ser incrível" – serve apenas para aumentar a pressão e estipular padrões de desempenho irreais. Esse tipo de papo motivacional pode ser tão distorcido quanto as cognições negativas mais típicas dos indivíduos ansiosos. O objetivo não é pensar positivamente o tempo inteiro, e sim ser mais realista e preciso na avaliação das próprias habilidades, bem como da ameaça real representada pelas situações que você enfrenta.

Previsões negativas são comuns em indivíduos com outros problemas de ansiedade. Os pensamentos improdutivos, conhecidos como cognições desadaptativas, associados a transtornos de ansiedade tendem a ser percepções de perigo ou de ameaça orientadas para o futuro (p. ex., "O que está prestes a acontecer?"). Se você tem TAS, o foco costuma estar na consequência do escrutínio público e na avaliação negativa que se segue ("Ninguém vai gostar de mim e vou passar por idiota") e em um senso de falta de controle sobre a situação ou sintomas da ansiedade. Outro marco das cognições ansiosas é que elas tendem a ser automáticas ou habituais, de tal modo que você não se esforça para recorrer a elas. Ao contrário, elas costumam ocorrer instantaneamente e, certas vezes, em resposta a gatilhos sutis.

O objetivo aqui não é pensar positivamente, e sim pensar de modo mais *realista* e *adaptativo*. O pensamento adaptativo não lhe dá apenas uma perspectiva mais realista, mas também o guia em direção a estratégias de enfrentamento para lidar com situações. Se uma situação é muito ruim e você tem uma boa razão para se sentir mal, então deve se sentir mal, a não ser que se recuse a enfrentar a realidade. Por exemplo, a perda de um ente querido, uma crise financeira pessoal séria e problemas graves de saúde são todos bons motivos para se sentir mal, estressado, ansioso e triste. Contudo, embora fazer uma apresentação ruim para os colegas de trabalho possa ser um evento desagradável e vergonhoso, não se trata de uma catástrofe. Em comparação com catástrofes reais, nem é um problema. Além disso, na maior parte dos casos, você perceberá o próprio desempenho social muito mais negativamente do que as outras pessoas. Por exemplo, algumas pessoas talvez considerem que você está cansado porque pensam que você é alguém que, no geral, fala bem. Então, a situação real pode nem ser tão ruim, mas é sua avaliação da situação que faz você se sentir mal, sem uma boa razão para isso. A fim de conhecer o quão realistas são seus pensamentos, percepções e expectativas sobre a situação, você precisa testar suas previsões. Se sua chefe ou a plateia realmente for tão hostil quanto as suas expectativas iniciais, você terá uma boa razão para evitar o cenário da próxima vez. Mas se não for, sua preocupação é irrealista e desadaptativa.

Em geral, temos muita dificuldade para identificar nossos pensamentos, seja porque eles fazem parte de nossa personalidade, seja porque ocorrem sem estarmos conscientes deles. Erros de pensamento são crenças disfuncionais ou pensamentos automáticos negativos. Crenças disfuncionais (ou irracionais, desadaptativas) são suposições básicas que fazemos sobre o mundo, o futuro e nós mesmos. Essas crenças globais abrangentes formam um esquema, que determina a maneira como interpretamos uma situação específica. Por exemplo, pode ser que você acredite que deve ser sempre bem-humorado, inteligente e divertido; que, a não ser que todos gostem de você, não tem valor; ou que você precisa ter as melhores respostas para cada pergunta logo após sua apresentação.

Os terapeutas cognitivos chamam tais pensamentos de *crenças disfuncionais*, pois elas levam a uma percepção enviesada e imperfeita da situação. Essas crenças podem fazer você não apenas ficar muito ansioso em relação a situações em que tenha de falar em público, mas também se sentir deprimido e apreensivo em várias outras situações. Como resultado, talvez você evite contato interpessoal devido à sua ansiedade em relação a críticas, desaprovação e rejeição, sentindo-se inferior aos outros ou inibido em situações interpessoais inéditas em virtude de sentimentos de inadequação. Tais crenças o colocam em problemas, pois você estabelece metas irrealistas para si mesmo. Essas crenças disfuncionais dão origem a pensamentos automáticos negativos ou imagens automáticas negativas que ocorrem em situações específicas quando você se sente ansioso. Esses pensamentos são as expressões específicas de suas crenças disfuncionais. Por exemplo, pode ser que você pense: "As outras pessoas me acharão sem graça", "Vou fazer papel de palhaço" ou "Os outros me acharão idiota" quando estiver diante da plateia. O pensamento automático específico "As outras pessoas me acharão sem graça" será ansiogênico se você tem a crença de que vai ser rejeitado pelas outras pessoas caso não seja divertido. A seguir, são apresentados alguns dos erros de pensamento automático mais típicos (adaptado de Burns, 2020).

- **Raciocínio emocional:** às vezes, tratamos pensamentos que "dão a sensação" de serem ameaçadores como precisos – verdades inquestionáveis. Nossos cérebros são programados para levar a sério informações ameaçadoras, porque ignorá-las pode colocar em risco nossa sobrevivência. Analisar nossas possibilidades de solucionar situações com base em *sentimentos*, e não em *fatos*, recebe o nome de *raciocínio emocional*. Quando você raciocina emocionalmente, está fazendo uma inferência incorreta com base na forma como se sente. Por exemplo, talvez você ache que todos na plateia o considerem incompetente e patético porque *você se sente* incompetente e patético.
- **Pensamento em preto e branco:** poucas coisas na vida são sempre boas ou sempre ruins. Isso costuma depender do contexto. Embora a realidade consista em diferentes tons de cinza, você a enxerga como sendo ou preta (ruim) ou branca (boa), sem tons de cinza. Se seu desempenho não é perfeito, você enxerga a si mesmo como um fracasso total. Por exemplo, se uma pessoa na plateia boceja, você conclui que todos estão morrendo de tédio devido à sua fala. A não ser que as coisas sejam perfeitas, você conclui que elas deram completamente errado.

- **Personalização:** você leva os eventos sociais negativos para o lado pessoal. Por exemplo, você pode estar convencido de que a pessoa que está bocejando na plateia acha que você é a pessoa mais entediante no mundo, mesmo com a possibilidade de o bocejo ser devido a uma noite mal dormida.
- **Concentração nos aspectos negativos:** você escolhe certo detalhe negativo e ignora todo e qualquer aspecto positivo. Como resultado, sua percepção da realidade fica obscurecida, como se uma única gota de tinta pudesse escurecer toda a água de um balde. Por exemplo, mesmo se muitas pessoas na plateia estiverem atentas e interessadas, você ainda acha que está sendo entediante em virtude daquela pessoa que cochilou.
- **Desqualificação dos aspectos positivos:** se não existe desfecho negativo e a situação na verdade acabou bem, você pode simplesmente não considerar os aspectos positivos. Por exemplo, talvez você insista que só teve um bom desempenho porque a tarefa foi fácil, ou porque estava com sorte no dia, ou porque a plateia em questão era muito gentil. Contudo, você desconsidera qualquer explicação que atribuiria o sucesso à sua capacidade e esforço próprios.
- **Conclusões precipitadas:** você faz uma interpretação negativa de um evento mesmo não tendo qualquer evidência satisfatória para isso. Por exemplo, você prevê que sua apresentação será um desastre e fica convencido de que tal previsão já é um fato consumado. Esse é um tipo de erro que costuma ser chamado de "erro do vidente". Talvez também conclua que alguém está reagindo negativamente em relação a você, mesmo que não exista evidência clara para fazer essa suposição. Por exemplo, é possível que você conclua, sem evidência razoável, que as pessoas não gostam de você, ou que elas pensam que você é incompetente, entediante, e assim por diante. Outro nome para isso é "erro de leitura mental".
- **Supergeneralização:** você fica incomodado porque enxerga um único evento negativo como um padrão infinito. Por exemplo, uma apresentação ruim não significa que você é alguém que sempre fala mal em público e que deve mudar de profissão. O término de um relacionamento não significa que você é incapaz de manter uma amizade; uma rejeição não significa que você não pode ser amado.
- **Catastrofização:** da mesma forma, na catastrofização, você exagera e transforma em um problema alguma coisa que não é um problema.

Por exemplo, só porque foi mal em determinada apresentação, você pode pensar que será demitido e então jamais conseguirá outro emprego, não terá dinheiro para pagar as parcelas da sua casa, sua esposa pedirá o divórcio e você irá parar na rua, onde passará o resto da vida revirando lixo.

MONITORANDO PENSAMENTOS PARA TRAZÊ-LOS À CONSCIÊNCIA

A maneira mais eficaz de trazer à luz da consciência pensamentos automáticos negativos é prestando muita atenção a eles nos momentos em que tendem a ocorrer. A forma mais fácil de fazer isso é monitorando seus pensamentos antes e depois de uma situação social ansiogênica. Tente monitorar detalhadamente quaisquer situações sociais temidas com as quais você se depara ao longo do dia e seus pensamentos relacionados a elas. Uma vez que tenha identificado seus pensamentos automáticos, você precisa elaborar "testes" que determinem se tais preocupações são ou não razoáveis. Se elas forem "irrealistas" (por não refletirem a realidade), convém que você as modifique e adote uma avaliação mais realista das situações sociais. Retomaremos esse assunto mais adiante.

Acompanhemos Sarah durante um dia particularmente aterrorizante. Às nove da manhã, ela teve que fazer uma apresentação na reunião de pais na escola das filhas. Sua ansiedade já estava em 50, em uma escala de 0 a 100. Ela pensou: "Se eu estragar tudo, eles vão pensar que sou incompetente, e isso afetará a educação das minhas filhas". Esse é um bom exemplo de *catastrofização*, pois ela está exagerando algo desagradável (fazer uma apresentação ruim), inflando as consequências disso (porque é altamente improvável que isso atrapalhe a educação das filhas). Para certificar-se de que isso não aconteceria, ela preparou a fala no dia anterior, anotando-a em um papel (entendemos isso como uma forma de evitação, pois é uma estratégia que visa a diminuir a ansiedade).

Ao meio-dia, ela tinha marcado um almoço com o pessoal do trabalho. Por estar apavorada, inventou uma desculpa para não ir. Essa evitação clara baixou sua ansiedade para 20. Olhando em retrospecto, ela se sentiu desconfortável porque pensou que as pessoas provavelmente notariam sua ausência, o que é um exemplo de raciocínio emocional ("Estou ansiosa, portanto a situação deve ser perigosa").

À tarde, ela precisava fazer uma apresentação para os novos estagiários da empresa. Assim como na reunião de pais, ela se preparou demasiadamente na noite anterior, mas a ansiedade ainda estava alta (70 em uma escala de 0-100) durante a apresentação. Portanto, ela decidiu fazer uma pausa para diminuir a ansiedade. Para justificar, ela disse aos estagiários que fariam um intervalo. Ela pensou: "Se minha apresentação não estiver perfeita, eles não terão uma boa impressão a meu respeito, o que vai afetar nossa relação de trabalho" (um exemplo de catastrofização e de conclusão precipitada) e "Sou um completo fracasso" (um exemplo de pensamento em preto e branco). Ela também pensou: "A apresentação foi um desastre absoluto" (um exemplo de desqualificação dos aspectos positivos) e "Este trabalho não é para mim; eu falo muito mal em público" (um exemplo de supergeneralização). Ao final do dia, Sarah estava exausta. Pior ainda, ela se sentiu muito mal em relação a si própria. Ela sentiu, inclusive, nojo de si mesma. Ela só queria entrar em um buraco e desaparecer. Esses exemplos mostram que a forma como você pensa e age tem grande impacto sobre seus sentimentos e senso de *self* (i.e., a maneira como você enxerga a si mesmo). Isso pode fazer você se sentir miserável. Mas há um outro lado. Também existe uma maneira de sair do buraco e se reerguer.

ESTILOS DE PENSAMENTO DESADAPTATIVOS

Vamos nos aprofundar um pouco mais no pensamento desadaptativo. Você já notou um padrão nesses erros de pensamento? Todos eles se devem a um ou ambos os estilos de pensamento que você aprendeu antes: *superestimação de probabilidades* (i.e., superestimar a probabilidade de um evento desagradável) e *pensamento catastrófico* (i.e., exagerar a proporção de um evento desagradável). Por exemplo, as pessoas com TAS tendem a acreditar que existe uma probabilidade alta de estarem correndo risco de se comportar de modo inadequado e inaceitável e que tais comportamentos certamente levarão a consequências desastrosas em termos de perda de *status*, perda de valor e rejeição social. Em outras palavras, as pessoas com TAS superestimam a probabilidade de um evento desagradável (de que elas se comportem de modo inapropriado) e exageram as consequências de seu comportamento inadequado. Você consegue identificar esses estilos de pensamento fazendo-se as seguintes perguntas:

1. **Que evidências tenho de que a crença é verdadeira?** Por exemplo, Sarah estava com receio de estragar tudo durante sua fala na reunião de

pais na escola e de que as pessoas pensassem que ela é incompetente, o que então afetaria a educação das filhas. A evidência de que seu desempenho tem remotamente algo a ver com a educação das filhas é próxima de zero.

2. **Com base em minha experiência passada, com que frequência tal desfecho temido de fato aconteceu?** Sarah já falou diante de outras pessoas muitas vezes em situações semelhantes no passado. Não está muito claro o que "estragar tudo" realmente significa para ela. Contudo, vamos considerar que signifique gaguejar e balbuciar algumas frases incoerentes. Não seria a primeira vez e nada de terrível aconteceria.

3. **Qual é a pior coisa que poderia acontecer?** A pior coisa que poderia acontecer é que as pessoas ouviriam uma fala ruim (se estivessem prestando atenção). Mas o mundo continua girando. As pessoas estragam tudo o tempo todo, mas também perdoam e esquecem isso.

4. **Se o pior desfecho acontecer, eu seria capaz de lidar com ele?** Não importa quão ruim algo venha a ser, as pessoas são notavelmente resilientes. Costumamos subestimar o fato de termos tantos recursos, e parecemos não ter consciência de nossas habilidades de enfrentamento para lidar com as coisas.

As duas primeiras perguntas identificam erros de pensamento associados à superestimação de probabilidades. As pessoas cometem erros cognitivos que levam à superestimação de probabilidades quando acreditam que um evento improvável e desagradável (como perder um emprego, perder um amigo, divorciar-se) provavelmente acontecerá com base em pistas ambíguas. Um exemplo é a pessoa que se preocupa que uma apresentação ruim para os colegas colocaria em risco o relacionamento com eles e que seus colegas a achariam incompetente. Como resultado, ela pode então ficar preocupada, achando que vai ser demitida e que não será capaz de encontrar outro emprego em virtude de sua má reputação.

As duas últimas perguntas identificam erros de pensamento catastrófico. Esses são erros que ocorrem quando um evento desagradável está de fato acontecendo, mas os aspectos negativos do evento são exagerados consideravelmente, tendo sua proporção distorcida. Exemplos comuns desse estilo de pensamento são: "Essa é a pior coisa que poderia ter acontecido comigo. Terei de largar meu emprego e acabarei pobre e sem amigos".

Se você é uma pessoa ansiosa, provavelmente comete erros de pensamento que levam à superestimação de probabilidades com bastante frequência.

Por exemplo, imagine que você combinou que seu namorado iria encontrá-la em casa às 17h30. Você está esperando em casa, e já são 18h30. Seu namorado está atrasado. Existem várias razões possíveis para explicar o atraso dele. Ele pode estar preso no trânsito, ou teve de ficar mais tempo no trabalho, ou... ele se envolveu em um terrível acidente de carro e está caído no acostamento de uma estrada qualquer, sangrando até a morte. A última possibilidade é um exemplo de superestimação de probabilidades: é um evento improvável e bem desagradável, que lhe gera muito estresse.

Tomemos outro exemplo. Imagine que está sozinho em casa. É o final de um longo dia, e você está pronto para relaxar. Seu colega de quarto saiu e não deve voltar tão cedo. Você acabou de jantar e sentou para assistir a um filme. De repente, você ouve uma porta batendo (adaptado de Beck, 1976). O que passa pela sua mente nesse exato momento? O que você *pensa automaticamente* nessa situação específica? Talvez seu colega tenha voltado mais cedo, o que pode fazê-lo ficar preocupado ou surpreso. Talvez alguém tenha arrombado a porta, o que provavelmente causaria medo. Talvez o vento tenha feito a porta fechar sozinha, o que pode tranquilizá-lo. Como podemos perceber, você poderia ter muitas respostas emocionais à situação, dependendo do que estivesse pensando. Essa situação é inerentemente ambígua, como o são muitas situações da vida. Então, a forma como você se *sente* em relação à situação dependerá daquilo que você pensa e das conclusões que tira a partir disso. Se estivesse assistindo a um filme de terror na hora do ocorrido, você teria mais chance de concluir precipitadamente que alguém invadiu a casa. Então, o contexto importa e influencia sua resposta automática. Quando as pessoas experienciam ansiedade problemática e tensão física crônicas, elas têm mais chances de *pensar* de maneira ansiosa. Devido ao fato de seus corpos estarem em constante estado de tensão e ansiedade, elas têm mais chances de produzir pensamentos ansiosos em resposta a situações ambíguas. Isso ocorre porque, quando o corpo está em um estado fisicamente tenso, ele está enviando *feedback* para o cérebro de que algo está errado. Ser cronicamente ansioso e tenso *aumenta a probabilidade* de se ter pensamentos ansiosos.

Vamos, então, nos aprofundar nesses dois grandes estilos de pensamento.

Superestimação de probabilidades

A superestimação de probabilidades é um erro de pensamento comum para as pessoas com várias formas de ansiedade, incluindo ansiedade social. Só para lembrar, a superestimação de probabilidades significa que você está fazendo previsões imprecisas ou irracionais de que um evento improvável é altamente provável. As pessoas que caem nessa armadilha exageram a probabilidade de um desfecho ruim acontecer. Você pode combater a superestimação de probabilidades considerando as evidências a favor e contra um pensamento ansioso, estimando as chances reais de um desfecho negativo ocorrer e gerando explicações alternativas e possibilidades mais prováveis.

Um exemplo típico de superestimação de probabilidades é o medo de entrar em um avião porque ele pode cair. Para as pessoas com esse tipo de medo, a probabilidade de uma queda pode parecer bem elevada. Entretanto, o avião é um dos meios de transporte mais seguros que existem. Nos últimos 10 anos, houve cerca de 300 acidentes aéreos em voos comerciais – pelo que pude pesquisar. Isso pode parecer muito, mas ocorrem, em média, 100 mil voos *por dia*, ou 3,5 milhões de voos *por ano*. Então, a probabilidade de um avião cair ao longo dos últimos 10 anos mal chegou a 0,0000004, ou menos de 1 em 1 milhão. Contudo, 1 em cada 2.500 pessoas morre por sufocação devido a engasgo por ano. Desse modo, estatisticamente, sair para jantar deveria ser bem mais aterrorizante do que embarcar em um avião. Imagino que você esteja entendendo o que quero dizer: embora um acidente de avião seja *possível*, ele é extremamente improvável.

Isso também serve para muitas ameaças sociais. A probabilidade de um desfecho realmente ruim ocorrer não é impossível, mas não costuma ser muito provável. Situações sociais são consideravelmente mais complexas do que voos de avião, e é muito mais fácil identificar um desfecho ruim depois de um voo do que depois de uma fala. Se o avião não caiu, sua previsão foi 100% errada. Mas como você pode determinar se estragou sua apresentação, por exemplo? E, no caso de Sarah, se ela de fato tiver estragado sua apresentação, como ela poderia determinar se isso afetou ou não a educação das filhas? Aqui, a ideia de *credibilidade* de um pensamento é mais apropriada do que a probabilidade de um evento ter ocorrido ou não. A credibilidade abarca a probabilidade, mas vai além. Ela também permite que nos afastemos de nossas mentes e avaliemos, criticamente, quão provável, realista e plausível é a ocorrência de um evento.

Para resumir, combater pensamentos ansiosos *não* é o mesmo que "pensar positivo" ou substituir pensamentos "ruins" por pensamentos "bons". Na verdade, o propósito desse exercício *não* é gerar pensamentos enviesados na direção contrária. Em vez disso, o objetivo é buscar as evidências a favor e contra um pensamento automático e, então, formular alternativas mais *realistas* e *adaptativas*.

Desafiando a superestimação de probabilidades

Para combater a superestimação de probabilidades, você precisa desacelerar e examinar criticamente seu julgamento, considerando todos os fatos e possibilidades disponíveis. Isso pode ajudá-lo a evitar saltar para conclusões precipitadas ou fazer generalizações exageradas. Considerar outras possibilidades e avaliar a evidência é crucial, pois julgamentos e previsões baseados em raciocínios emocionais muito provavelmente serão enviesados.

A seguir, você encontrará cinco passos concretos para combater a superestimação de probabilidades. À medida que estiver seguindo esses passos, talvez não ache alguns assim tão úteis para certos pensamentos. Se isso ocorrer, faça o que funciona melhor para você.

Passo 1: Desacelere e preste atenção. O primeiro passo consiste em desacelerar os pensamentos e prestar atenção no que se passa em sua mente. Pensamentos automáticos são respostas muito rápidas a coisas que ocorrem com você, e você tende a focar apenas em alguns aspectos de uma situação, enquanto ignora vários outros. Ao tirar algum tempo para perceber e observar seus pensamentos, você vai poder ver a cena como um todo – e isso reflete a realidade de modo mais preciso.

Se um pensamento o deixa ansioso, é porque acredita, até certo ponto, que existe um motivo para se sentir ansioso, e você interpreta uma situação como uma ameaça. No entanto, pensamentos são hipóteses sobre a realidade; eles não são sinônimos da realidade. Então, uma vez que você tenha observado seu pensamento, tome nota dele. Coloque-o em palavras, ainda que as palavras não consigam expressá-lo com exatidão. Algumas vezes, os pensamentos não são exatamente declarações verbais, mas sim imagens de difícil descrição. Mesmo assim, vale a pena tentar esclarecer os pensamentos com palavras. Por exemplo, Sarah anotou o pensamento que teve durante a reunião de pais: "Se eu estragar tudo, eles vão pensar que sou incompetente, e isso afetará a educação das minhas filhas". Ela, acertadamente, rotulou-o como catastrofização, pois está exagerando o potencial perigo que essa reunião oferece à educação das filhas.

Após ter identificado um pensamento, considere o quanto você realmente acredita nele. Se um pensamento parece se aproximar bastante da realidade, ele é mais plausível. Contudo, se um pensamento não parece adequar-se à realidade, ele não é plausível. Por exemplo, o pensamento de que as pessoas na plateia não gostam de você a ponto de jogarem coisas em sua direção pode ser bem ansiogênico, mas não parece muito plausível.

Para determinar a credibilidade de um pensamento, pergunte-se: "O quão plausível é esse pensamento em uma escala de 0 (nada plausível) a 100 (absolutamente plausível [verdadeiro/compatível com a realidade])?". No começo, sobretudo nos momentos de maior ansiedade, é provável que você avalie seu pensamento como altamente plausível (entre 75-100), mas, à medida que for refletindo sobre ele, a credibilidade do pensamento talvez diminua. Isso é bem normal. Tendemos a tratar pensamentos como fatos, mesmo eles sendo apenas hipóteses. A avaliação de credibilidade esclarecerá essa diferença.

Passo 2: Examine as evidências *a favor* e *contra* a hipótese. Agora, vamos começar a examinar a validade do pensamento. Isso o ajudará a pensar de forma mais racional e menos emocional. Evidências baseiam-se em fatos e informações objetivas que você poderia apresentar diante de um juiz no tribunal, e não em meras opiniões. Buscar evidências a favor e contra uma hipótese que parece uma conclusão natural demanda muita flexibilidade. Isso pode ser alcançado ao se visualizar as coisas a partir de outro ponto de vista. Por exemplo, coloque-se na perspectiva de um observador independente. De que forma essa outra pessoa, não envolvida na interação social, veria a mesma interação?

Isso pode ser desafiador, pois exige que se considerem ideias alternativas que não são tão naturais ou automáticas. Somos naturalmente propensos a buscar informações que apoiem nossas crenças e a ignorar, ou desconsiderar, informações que as contrariem. Tal fenômeno é chamado de *viés de confirmação*. É esse o caso, especialmente, quando estamos sentindo uma ansiedade problemática. Contudo, aguente firme e seja paciente consigo mesmo, sobretudo no começo. Obter uma perspectiva de outra pessoa pode ajudá-lo a criar evidências mais objetivas.

Passo 3: Explore possibilidades alternativas e avalie suas evidências. Considere explicações alternativas. Mais uma vez, essa é uma habilidade difícil que não surge naturalmente para a maioria das pessoas. Em geral, não estamos acostumados a pensar de um modo deliberado e racional quando ansiosos. Contudo, esse é o momento mais importante para utilizar essa habilidade, pois, provavelmente, é quando você está pensando da maneira mais enviesada! Vejamos um exemplo. Sarah saiu mais cedo da festa. Seu pensamento foi: "Com certeza, eles perceberão" (uma forma de raciocínio emocional, porque ela usou seu sentimento como base para seu pensamento). Contudo, consideremos algumas perguntas para nos ajudar a formular alternativas:

- Será que existe outra conclusão?
- O que mais poderia causar o evento?
- O que um observador neutro pensaria?

Talvez as pessoas tenham pensado que Sarah teve de sair mais cedo da festa porque tinha outras coisas a fazer, ou não estava se sentindo bem, ou porque estava cansada, e não porque estava ansiosa. Na verdade, a maioria das pessoas provavelmente nem sequer percebeu que ela foi embora. E é provável que aqueles que perceberam nem chegaram a pensar sobre o fato. (O próximo assunto aborda o pensamento catastrófico, que discutiremos em poucas palavras.)

Passo 4: Esclareça o desfecho e determine as reais probabilidades. Agora, você pode determinar ou calcular a *probabilidade real*. Sarah percebeu o seguinte pensamento: "Se eu estragar tudo, eles pensarão que sou incompetente, e isso afetará a educação das minhas filhas". Esse pensamento reflete tanto a superestimação de probabilidades quanto o pensamento catastrófico. Fazendo uso das informações disponíveis, você determinará a real probabilidade do desfecho negativo previsto. Para tanto, é necessário calcular quantas vezes determinado evento de fato ocorreu e dividir o valor resultante pelo número de vezes em que o evento poderia ter ocorrido. Qual é a probabilidade de que a educação das filhas de Sarah seja afetada negativamente se ela estragar tudo na reunião? Esse cálculo é mais difícil. O que significa "estragar tudo" em uma reunião? O que significa ser "incompetente"? Como esse evento pode impactar a educação das filhas? Colocando de lado a natureza catastrófica e confusa dessa preocupação, a probabilidade de que a educação das filhas seja impactada de alguma forma por sua fala é praticamente zero. Como e por que isso seria possível? Quanto mais específicos formos, mais improvável o desfecho se torna. Uma ferramenta excepcionalmente importante para lidar com erros de pensamento é fazer perguntas críticas a fim de aumentar a especificidade. Erros de pensamento tendem a ser movidos por preocupações de caráter global e emocional. Perguntas críticas aumentam a especificidade e expõem a irracionalidade de um pensamento.

Passo 5: Compare seu pensamento inicial (ansioso) com interpretações alternativas (não ansiosas). O passo final é comparar diretamente os pensamentos alternativos mais realistas com o erro de pensamento inicial. Que conclusão você tira das evidências, das explicações alternativas e da probabilidade real? Qual é a possibilidade mais realista? Um guia valioso para o nível de racionalidade de um pensamento é a credibilidade. Você sabe que está no caminho certo se a avaliação de credibilidade de uma interpretação não ansiosa for bem maior do que a avaliação de credibilidade do seu pensamento ansioso inicial. Você pode simplesmente avaliar cada pensamento de 0 (nem um pouco plausível) a 100 (absolutamente plausível). Se você não avaliar o pensamento não ansioso como sendo consideravelmente mais plausível, deve seguir os passos 1 a 4 novamente. Se um pensamento ansioso permanece com uma alta credibilidade considerando todas as evidências e alternativas, é provável que não seja um erro de pensamento, mas um medo bem real ou uma causa de preocupação.

Se esses cinco passos lhe parecerem complicados demais, apenas lembre-se de que você (1) está questionando seus pensamentos automáticos e (2) considerando possibilidades alternativas.

A tabela a seguir pode ajudá-lo a percorrer esses passos. (Você pode acessar uma cópia em branco da tabela na página do livro em loja.grupoa.com.br.)

Sarah teve de percorrer os passos várias vezes para chegar ao seguinte resultado:

TABELA 4 Comparação dos pensamentos ansiosos *versus* não ansiosos de Sarah

	Pensamentos	Credibilidade (0-100)
Depois de revisar as evidências, avalie a credibilidade do pensamento original.	Pensamento original: Se eu estragar tudo (na reunião de pais), eles pensarão que sou incompetente, e isso afetará a educação das minhas filhas	20
Qual é a possibilidade mais realista? Avalie a credibilidade desse pensamento.	Pensamento alternativo: Meu desempenho vai ser bom. A maioria das pessoas nem vai ligar. Isso não vai influenciar a educação das minhas filhas.	80
O que posso dizer a mim mesma no futuro?	Não há com o que se preocupar.	

Não é incomum que as pessoas *sintam* que os pensamentos alternativos – não ansiosos – não são muito plausíveis. Isso ocorre devido à natureza do raciocínio emocional. Acontece que é simplesmente mais fácil *pensar* de maneiras ansiosas quando você está se *sentindo* ansioso, e é difícil pensar de maneiras alternativas (ou não ansiosas) quando estamos ansiosos. Percorrer esses passos várias vezes pode ativar e fortalecer sua mente saudável. Mesmo pequenas mudanças são um grande progresso! Com a prática rotineira e a consideração de alternativas, a credibilidade de seus pensamentos ansiosos continuará diminuindo.

Concluindo, a superestimação de probabilidades envolve a realização de previsões imprecisas e irracionais de que um evento improvável muito provavelmente ocorrerá. Você pode combater essa tendência avaliando as evidências *a favor* e *contra* o pensamento, explorando explicações alternativas e calculando a probabilidade real. Lembre-se de que são os pensamentos, e não as situações isoladamente, que direcionam nossas emoções e nossos comportamentos. Pensamentos automáticos são pensamentos que acontecem rapidamente e, muitas vezes, sem nossa atenção consciente. Tais pensamentos podem facilmente ser enviesados, como quando estamos fazendo julgamentos sobre situações com base em *sentimentos*, e não em *fatos*. Voltemos agora nossa atenção para o outro estilo de pensamento desadaptativo: o pensamento catastrófico.

Pensamento catastrófico

Esse erro de pensamento costuma ser o núcleo do TAS. As pessoas com ansiedade social comumente exageram as consequências negativas de um encontro social desagradável. O pensamento catastrófico, na verdade, inclui dois erros de pensamento: (1) a crença errônea de que uma situação social desconfortável tem consequências negativas, de longa duração e irreversíveis, e (2) a crença errônea de que há pouco a fazer para lidar com ela. Em outras palavras, o pensamento catastrófico é quem nos faz problematizar algo que não é um problema.

Catástrofes reais são muito raras. Morrer é uma catástrofe real. Não há nada que se possa fazer a respeito, uma vez que se está morto. Fora isso, existem coisas ruins que acontecem durante a vida, como perder um ente querido, ser demitido de um bom emprego, passar por uma separação ou divórcio, e assim por diante. No entanto, mesmo essas situações são manejáveis, e você acaba encontrando meios para lidar com elas. Você aprende a viver sem a pessoa amada, você encontra outro emprego e, por fim, supera o término de um relacionamento ou divórcio. As coisas que parecem horríveis e inimagináveis agora ficam menos desconfortáveis uma vez que você entrou em contato com elas, em parte porque você encontra novas maneiras para lidar com elas quando precisa enfrentá-las.

Ser ridicularizado, sentir-se envergonhado ou fracassar ao falar em público certamente são experiências desagradáveis, mas nenhuma delas é uma catástrofe, independentemente de quão mal elas o façam se sentir. Você se engaja com o pensamento catastrófico quando adota um estilo de pensamento que transforma eventos desconfortáveis em crises. No caso da ansiedade social, isso costuma ocorrer quando há violações de normas sociais, padrões percebidos e expectativas.

Desafiando o pensamento catastrófico

Para desafiar o pensamento catastrófico, você precisa, primeiro, desacelerar seu julgamento e considerar a *gravidade real* de um desfecho, bem como o que realisticamente faria para enfrentá-lo *se* a situação ocorresse. Uma estratégia eficaz para desafiar o pensamento catastrófico é a abordagem do "e daí?". Essa abordagem consiste em percorrer mentalmente as reais consequências do desfecho temido a fim de determinar sua gravidade real e identificar maneiras de enfrentá-las. Eis os passos concretos para combater o pensamento catastrófico utilizando a abordagem do "e daí?".

Passo 1: Desacelere e preste atenção. Para lidar com o pensamento catastrófico, ou qualquer outro erro de pensamento desadaptativo, você deve, primeiro, tornar-se consciente de que ele está atuando. Como no caso da superestimação de probabilidades, o pensamento catastrófico ocorre de maneira rápida, em geral na forma de um pensamento automático, de modo que você deve desacelerar para percebê-lo em ação.

Passo 2: Encontre palavras para descrever seus pensamentos. Esse passo consiste em transformar os pensamentos em palavras. Isso significa que você deve tentar formular frases começando com: "Estou pensando que...". Você pode até anotar seus pensamentos em uma folha de papel. Esse processo pode facilitar tal desaceleração e aumentar a consciência.

Passo 3: Atribua uma nota de credibilidade para seu pensamento. A seguir, determine a credibilidade do pensamento. Você obtém uma nota de credibilidade ao se perguntar: "Quão plausível é esse pensamento?". Avalie a credibilidade inicial do pensamento em uma escala de 0 (nem um pouco plausível) a 100 (absolutamente plausível).

Passo 4: Examine as consequências do evento. Para examinar as consequências do evento, você deve identificar a gravidade real do desfecho temido. Quando as pessoas apresentam um padrão catastrófico de pensamento, elas exageram a gravidade das coisas. Uma maneira eficaz para avaliar realisticamente a gravidade da situação é perguntando-se: "E daí?". Como discutimos antes, algumas coisas são, de fato, muito problemáticas, mas a maioria delas não é. Perder o "fio da meada" de seus pensamentos durante um discurso ou derramar café quente em um colega parece ser algo bem grave no momento. Mas o momento passa, e então outro momento e outras coisas parecem ser bem mais problemáticas. Como resultado, passamos ininterruptamente de uma catástrofe percebida para outra. Um antídoto poderoso contra essa tendência é adotar uma perspectiva ilustrada por uma das minhas charges favoritas, mostrando Buda com um balãozinho dizendo: "A raiz de todo sofrimento é a importância que damos aos fatos" (*"The root of all suffering is the giving of the fucks"*). Para apreciar a frase, você não precisa ser um niilista*

---

*N. de T. Doutrina filosófica que nega a existência de qualquer realidade substancial, a possibilidade da verdade e rejeita normas morais (niilismo ontológico, niilismo crítico e niilismo ético, respectivamente).

ou um apóstolo do "carismo"** do Grande Lebowski – não que estas coisas sejam ruins.

Obviamente, não devemos confundir "e daí?" com "quem se importa?". Não estou sugerindo que você deixe de se importar com a possibilidade de coisas ruins acontecerem. Pelo contrário; o objetivo é nutrir uma perspectiva realista sobre as reais consequências. Pense na abordagem do "e daí?" como um método de autoquestionamento – "Então, o que vem agora?"; "Se isso acontecer, e aí?". Tal abordagem implica levar o pensamento à sua última consequência lógica (o desfecho) e, então, se perguntar: "Quão ruim isso realmente seria?".

Passo 5: Identifique suas estratégias de enfrentamento. Mesmo se um desfecho real for compatível com sua previsão e uma catástrofe acontecer, você tem recursos para lidar com ela. Suas estratégias de enfrentamento costumam ser bem mais eficazes do que você pensa. Se você pode lidar com o desfecho, ele não parece ser tão catastrófico afinal de contas, certo? Derramar café em um colega talvez não termine em socos. Suas estratégias de enfrentamento – desculpar-se e oferecer-se para pagar a conta da lavanderia (o que com certeza ele educadamente não aceitará) e, então, fazer questão de pagar-lhe outro café – provavelmente resolverão a situação.

Identificar suas estratégias de enfrentamento lhe trará condições de considerar as estratégias que você poderia utilizar se o desfecho negativo se tornasse realidade. Tendemos a esquecer os recursos que temos disponíveis para lidar com uma situação hipotética. Se você estiver se sentindo confiante quanto às próprias habilidades para lidar com algo, terá menor probabilidade de pensar que isso é um grande problema! Para guiar-se nesse processo de identificar suas habilidades e estratégias de enfrentamento, existem várias perguntas que você pode se fazer:

- Do que tenho medo?
- Como posso lidar com isso?
- Esse evento ruim já aconteceu comigo alguma vez?
- O que eu fiz antes?
- Como lidei com ele no passado?

Pode ser bem difícil que lhe ocorram estratégias de enfrentamento no momento, especialmente quando se está ansioso. Para lhe dar algumas dicas, eis alguns exemplos de estratégias de enfrentamento, recursos e características pessoais comuns que podem lembrá-lo de abordagens eficazes para utilizar quando necessário. Você perceberá que alguns dos itens nesta lista se aplicarão em determinadas situações, mas não em outras. Leia a lista e circule aqueles que você pode usar.

**N. de T. Referência à "filosofia de vida" desprendida de Jeff Lebowski, chamado de "O Cara", personagem principal do filme *O grande Lebowski*, de 1998.

- Recorra às habilidades que você tem.
- Espere para ver o que acontece em seguida.
- Adote a estratégia de resolução de problemas.
- Ignore seu contratempo.
- Encontre soluções criativas.
- Peça ajuda a um amigo.
- Explique-se.
- Consulte a internet para ter algumas ideias.
- Peça desculpas se tiver feito mal ou causado danos a alguém.
- Faça graça de si mesmo para aliviar a tensão da situação.

Essas são apenas algumas ideias genéricas. As estratégias de enfrentamento específicas que você utilizará em dada situação podem ser bem diferentes, é claro. Algumas estratégias podem ser úteis em determinadas situações, mas também podem ser desadaptativas em outros contextos. Por exemplo, às vezes, esperar, pedir desculpas ou fazer graça de si mesmo podem ser estratégias ruins. O contexto faz toda diferença. Com o tempo, você desenvolverá uma noção de quais abordagens são adaptativas e quais são desadaptativas, dadas as situações. Não há abordagem ou habilidade que estará sempre certa ou errada.

Agora que você aprendeu os passos da abordagem do "e daí?", vamos colocá-los em prática com um exemplo recente de alguma situação ameaçadora que você vivenciou. Pegue um pedaço de papel e desenhe três colunas. No alto da segunda coluna, escreva "Pensamentos", e, no alto da terceira, "Credibilidade". (Você encontra uma cópia em branco desta tabela na página do livro em loja.grupoa.com.br.)

Na primeira linha, especificamente no alto da primeira coluna, descreva com poucas palavras a situação ameaçadora que você vivenciou e anote os pensamentos que teve antes e/ou durante essa situação na segunda coluna. Na terceira coluna, avalie o quão plausível é esse pensamento usando uma escala de 0 (nem um pouco plausível) a 100 (muito plausível). Essas respostas representam os três primeiros passos que descrevemos há pouco: (1) desacelere e preste atenção, (2) encontre palavras para descrever seus pensamentos e (3) atribua uma nota de credibilidade para seu pensamento. Na segunda linha, registre seus pensamentos sobre as consequências (passo 4) e avalie a credibilidade desses pensamentos. Na terceira linha, escreva seus pensamentos sobre quais estratégias de enfrentamento você pode aplicar (passo 5) e avalie sua credibilidade – em outras palavras, o quão provavelmente você as utilizará. Por fim, na última linha, escreva um pensamento adaptativo sobre a situação ameaçadora – que ajudaria a aliviar a ansiedade – e sua nota de credibilidade.

Vamos ver a tabela preenchida por Sarah. Imagine que a apresentação dela durante a reunião de pais tenha sido, de fato, péssima. Ela se levantou, balbuciou algo ininteligível e voltou a sentar-se. Esse era seu medo. Será que foi mesmo uma catástrofe?

TABELA 5 O pensamento catastrófico de Sarah

	Pensamentos	Credibilidade (0-100)
Pensamento catastrófico	Todo mundo vai pensar que sou incompetente.	100
Consequências (E daí?)	Algumas pessoas podem pensar que sou incompetente, mas eu não ligo. Os outros podem nem ter notado ou nem se importaram.	20
Estratégias de enfrentamento	Vou falar de novo da próxima vez. Se eu sentir que estou me embananando de novo, talvez faça piada de mim mesma.	30
Pensamento adaptativo	Ir mal em uma fala não é tão ruim assim.	20

Observe que, depois de ter ido mal em sua fala, Sarah a princípio avaliou seu pensamento ("Todo mundo vai pensar que sou incompetente") como altamente plausível (100, em uma escala de 0-100) e avaliou seu pensamento adaptativo ("Ir mal em uma fala não é tão ruim assim") com uma nota baixa em credibilidade. Quanto mais ela praticar esse exercício, mais a credibilidade de seus pensamentos adaptativos aumentará, e seus pensamentos desadaptativos diminuirão cada vez mais. Leva tempo, mas acabará acontecendo após você testar diferentes estratégias de enfrentamento.

ERROS DE PENSAMENTO NO DIA A DIA

É muito comum que um pensamento ansioso se origine tanto da superestimação de probabilidades quanto do pensamento catastrófico. Isso ocorre porque muitas vezes acreditamos que um desfecho negativo é muito mais provável do que ele realmente é; também supomos que o desfecho resultará em desastre caso se torne realidade. Como resultado, tais erros de pensamento podem se multiplicar. Foi esse o caso do pensamento de Sarah acerca de sua fala na reunião de pais. Ela pensou que certamente estragaria tudo (superestimação de probabilidades) e que os outros a julgariam negativamente em virtude disso, o que impactaria a educação das filhas (pensamento catastrófico).

É útil dividir o pensamento nesses dois estilos de pensamento desadaptativo e fazer uso das técnicas antes descritas para cada parte individual. Dividir os erros de pensamento em pensamento catastrófico e superestimação de probabilidades ajuda a quebrar esse ciclo multiplicador. Mais uma vez, você aborda a superestimação de probabilidades mediante a avaliação das evidências a favor e contra tais crenças. Às vezes (como no caso do acidente de avião), você pode até calcular as chances de essas coisas acontecerem e verá que a probabilidade de ocorrência pode não ser tão alta quanto pensou no início. Por sua vez, para lidar com o pensamento catastrófico, você usa a abordagem do "e daí?". Em geral, é uma cadeia de pensamentos e consequências que, no fim, o leva a um pensamento do tipo: "As pessoas pensarão coisas ruins de mim", "Eu vou passar vergonha" ou "As pessoas me julgarão negativamente". Com certeza, isso não é nada agradável. Mas e daí? Certamente não é uma catástrofe.

E se você não conseguir diferenciar superestimação de probabilidades de catastrofização? Está tudo bem. É mais importante aprender a desacelerar, prestar atenção e desafiar seu pensamento do que categorizá-lo corretamente. Observe o que mais funciona em seu caso para desafiar com eficácia seus erros de pensamento e encontrar um ponto de vista alternativo ou mais realista. Não seja um prisioneiro da sua própria mente.

Contudo, você não vai muito longe se percorrer esses passos apenas mentalmente. A parte crucial, que provavelmente mudará sua vida, consiste em implementar essas estratégias, criando desafios reais para você. Isso significa enfrentar situações sociais desconfortáveis, a fim de examinar sua real ameaça por meio do desafio aos seus erros de pensamento. É isso que chamo de *exposições a contratempos sociais*, e você aprenderá a realizá-las nos próximos capítulos. Não pretendo dar mais informações aqui para não assustá-lo; apenas o suficiente para despertar seu interesse. Está pronto? Lá vamos nós.

5
Enfrentando contratempos sociais

Os capítulos anteriores lhe forneceram várias ferramentas bastante úteis. A união dessas ferramentas dá origem a uma poderosa abordagem para lidar com a ansiedade social: exposições a contratempos sociais. Lembre-se de que procedimentos de exposição são altamente eficazes. Exposição, aqui, significa que você está enfrentando a situação social temida, ao mesmo tempo que elimina quaisquer tipos de estratégias de evitação e comportamentos de segurança e experimenta sua ansiedade diminuir por conta própria. Lembre-se, também, de que erros de pensamento o fazem acreditar que é muito provável que um evento desagradável ocorra durante uma situação social e que tal evento traria consequências negativas, duradouras e irreversíveis.

Uma estratégia altamente eficaz para lutar contra todos esses problemas são as práticas de exposição na forma de experimentos da vida real, a fim de examinar a validade de suas crenças. Por exemplo, se você tem receio de parecer maluco, é provável que seja capaz de listar muitas coisas que, definitivamente, não quer fazer em público, como falar com objetos inanimados. Como você acha que os visitantes de um museu reagiriam se o vissem conversando animadamente com uma estátua de bronze? Alguns provavelmente o tomariam por maluco. O que isso significaria? O que aconteceria em seguida? Eles o expulsariam do museu? Ou alguém chamaria a polícia ou uma ambulância para levá-lo até a ala psiquiátrica mais próxima, onde ficaria trancafiado por anos? Ou quem sabe eles só ririam? E será que as pessoas sequer perceberiam? A única maneira de descobrir é fazendo!

Preste atenção no seguinte experimento clássico de Richard Solomon e Lyman Wynne (1953). Os pesquisadores colocaram um cachorro em uma caixa com dois compartimentos separados por uma mureta. O cachorro era capaz de pular a mureta, indo de um compartimento até outro. Um dos compartimentos tinha uma vasilha de ração, o que encorajava o cachorro a passar a maior parte do tempo nele. Esse mesmo compartimento também tinha uma luz, e o chão dele continha fios que davam um choque elétrico doloroso (mas não perigoso) no cachorro (sinto muito, donos e apaixonados por cachorros – e eu me incluo nesse grupo). Durante alguns testes, os pesquisadores administraram o choque logo após a luz ter sido acesa. Em outras palavras, para o cachorro, a luz sinalizava a administração de um choque. O cachorro rapidamente aprendeu a evitar o choque pulando a mureta em direção ao outro compartimento tão logo a luz acendia. Mas o que aconteceu quando o choque deixou de ser administrado? A luz ainda se acendia, mas o choque não era aplicado. Você provavelmente adivinhou: o cachorro continuou pulando a mureta mesmo com a luz deixando de sinalizar o choque. A única maneira de o cachorro aprender que a luz não sinalizava mais o choque seria ficando no compartimento para ver o que, de fato, ocorreria.

O que isso tem a ver com a ansiedade social? Você evita encontros sociais (ou faz uso de comportamentos de segurança) quando se sente ameaçado. Muitos eventos em sua vida podem ter contribuído para isso. Pode ser que você tenha aprendido com seus pais a ser cauteloso em situações sociais. Ou talvez seja apenas uma pessoa tímida e cuidadosa. Contudo, as razões de seu passado que contribuíram para isso (os fatores precipitantes) não são assim tão importantes para a solução do problema. O que é importante são as razões pelas quais você continua evitando (os fatores mantenedores). Você faz isso porque acha que algo ruim pode acontecer (mesmo estando errado), e tais estratégias de evitação procuram impedir a ocorrência desse perigo fictício. Mas, enquanto você continuar usando estratégias de evitação, jamais saberá se a situação é, de fato, perigosa. A única maneira de descobrir é vendo o que de fato acontece quando você não as utiliza!

Exposições a situações sociais são consideravelmente mais complexas (porém, mais humanas) do que o experimento de Solomon e Wynne. No entanto, a ideia fundamental permanece: você precisa expor-se a situações temidas e experienciar o que acontece. Traduzindo isso para a ansiedade social, se você continuar evitando festas porque acha que algo terrível vai lhe acontecer (o que quer que isso signifique), jamais terá a chance de descobrir que nada terrível vai lhe acontecer nessas festas. Você nunca vai descobrir a não ser que tente. Assim como o cachorro continuou evitando um local totalmente seguro, você segue evitando locais seguros em virtude de suas suposições imprecisas. Enquanto vocês dois evitarem, a ansiedade persistirá. A exposição é a única maneira de colocar à prova suas previsões ansiosas, a fim de refutá-las e corrigir suas concepções equivocadas. Essa é a única maneira de se libertar das dificuldades do transtorno de ansiedade social (TAS). A exposição lhe dará condições de comparar o desfecho real com o desfecho imaginado. Se houver uma discrepância, é hora de adotar uma visão mais realista. Estaremos, então, olhando para uma discrepância quando o desfecho ruim for de ocorrência muito menos provável do que o imaginado e quando, mesmo que ocorra, você conseguir encontrar maneiras de lidar com ele. Em essência, a exposição a contratempos sociais lhe dará a oportunidade de descobrir que as coisas em geral não são tão ruins quanto você imagina e que existem maneiras de lidar com os contratempos da vida. E isso tem consequências importantíssimas. Tais práticas, quando feitas corretamente, abarcam quase todos os fatores mantenedores antes discutidos. Mas vamos com calma.

PREPARE-SE PARA A EXPOSIÇÃO

O primeiro passo para criar uma exposição é preparar-se para ela. Utilizaremos o exemplo de Sarah para ilustrar isso. Para essa preparação, precisamos entender por que Sarah percebe uma situação como ameaçadora e o que ela tem feito para lidar com isso. A fim de descobrir quais fatores mantenedores são os mais relevantes no caso de Sarah, aplicamos a "Escala de atitudes ante situações sociais", do Capítulo 2.

Atitudes de Sarah ante situações sociais
(copyright Stefan G. Hofmann, 2022)

1. Eu acredito que as expectativas em relação a mim em situações sociais são muito altas.

   0-1-2-3-4-5-6-7-8-**9**-10

2. É comum eu não ter muita certeza sobre o que quero alcançar em uma situação social.

   0-1-2-3-4-5-6-7-8-**9**-10

3. Eu tendo a focar minha atenção em mim mesmo quando estou em uma situação social.

   0-1-2-3-4-5-6-7-8-**9**-10

4. Eu tendo a superestimar o quão ruim uma situação social pode vir a ser.

   0-1-2-3-4-5-6-**7**-8-9-10

5. Eu acredito que minhas habilidades sociais para lidar com situações sociais são ruins.

   0-1-2-3-4-5-6-**7**-8-9-10

6. Eu não fico muito satisfeito comigo mesmo no que diz respeito a situações sociais.

   0-1-2-3-4-5-6-7-8-**9**-10

7. Eu tenho pouco controle sobre minha ansiedade em situações sociais.

   0-1-2-3-4-5-6-7-**8**-9-10

8. Eu acho que as pessoas podem perceber quando estou ansioso em situações sociais.

   0-1-2-3-4-5-6-7-**8**-9-10

9. Eu costumo esperar que algo de ruim vá acontecer comigo em uma situação social.

   0-1-2-3-4-5-6-**7**-8-9-10

10. Eu tendo a remoer situações sociais depois que elas já ocorreram.

    0-1-2-3-4-**5**-6-7-8-9-10

11. Eu evito situações sociais frequentemente.

    0-1-2-**3**-4-5-6-7-8-9-10

12. Eu costumo fazer coisas que me deixam menos desconfortável quando estou em situações sociais.

    0-1-2-**3**-4-5-6-7-8-9-10

Vimos que Sarah deu nota alta para muitos itens, exceto para aqueles referentes a seus comportamentos de evitação e segurança. Em sua avaliação, ela diz não evitar situações sociais nem fazer qualquer coisa para ficar menos desconfortável em tais situações. Isso não significa que o autorrelato, de modo geral, não seja confiável. Significa apenas que os comportamentos de evitação em geral são difíceis de detectar. O mesmo acontece com muitos de meus clientes, que acham que não evitam nem usam quaisquer comportamentos de segurança. Lembre-se de que tais comportamentos podem ser bem sutis. Além disso, depois de anos vivendo com o TAS, as pessoas construíram suas vidas ao redor do transtorno, e a evitação passou a ser tão natural quanto a respiração. O que quero dizer é que a evitação sempre tem um papel importante, mesmo quando as pessoas não a percebem. Vejamos os pormenores de uma situação particular.

Você se lembra da Figura 2 (Capítulo 2) resumindo os vários fatores mantenedores do TAS? Usemos o exemplo de Sarah de quando ela teve de falar na reunião de pais. Com base no que sabemos, podemos identificar os seguintes fatores mantenedores (algumas informações foram obtidas em outras conversas).

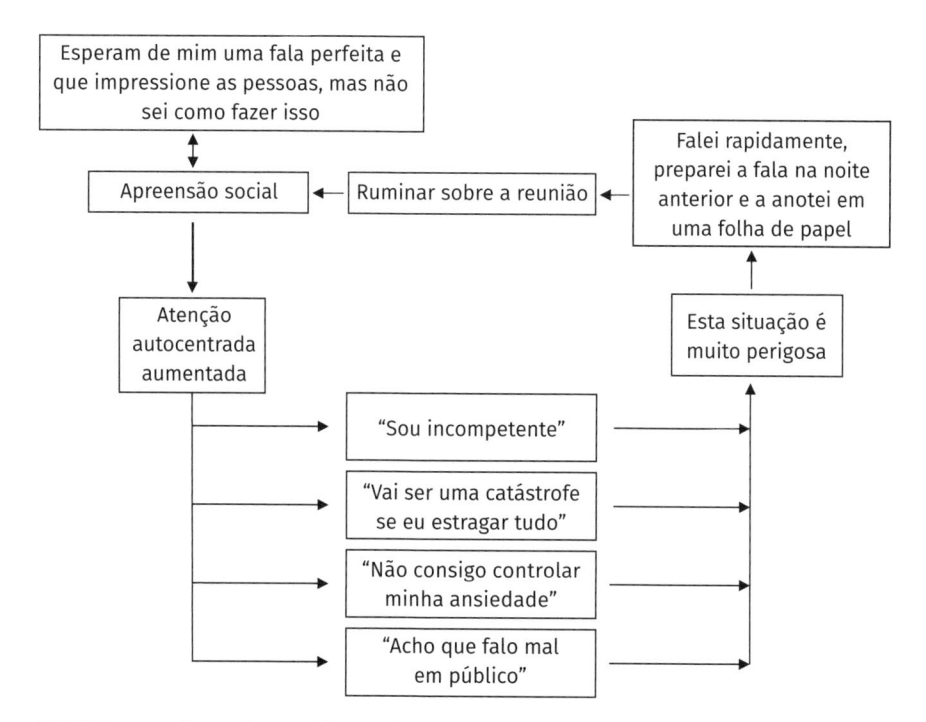

FIGURA 7 Razões pelas quais Sarah tem medo de falar durante a reunião de pais (*copyright* Stefan G. Hofmann, 2022).

Sarah está cometendo alguns dos erros de pensamento que discutimos ("Sou incompetente; vai ser uma catástrofe se eu estragar tudo"). Para lidar com a ansiedade, ela preparou a fala na noite anterior e até mesmo a anotou em uma folha de papel. Isso é algo bem atípico para uma mãe, considerando o ambiente da reunião de pais. Sarah fez isso para poder lidar com sua ansiedade social. Ela também ensaiou a fala, falou rapidamente e evitou contato visual. Todas essas estratégias contam como evitação, conforme a definimos (*qualquer coisa que você faz ou deixa de fazer que o impede de enfrentar seu medo*). Assim como o cachorro no experimento de Solomon e Wynne, Sarah não se dá a chance de examinar se a situação é, de fato, perigosa.

Percebemos vários outros fatores responsáveis pela ansiedade de Sarah. Sua ansiedade social vem da percepção de que a reunião de pais tem padrões elevados, e do fato de ela não ter certeza do que exatamente faz alguém ser aceito pelo grupo. Sarah acredita que esperam dela uma fala perfeita e que, inclusive, impressione as pessoas. No entanto, essa meta é tanto irrealista quanto inespecífica e confusa. Os outros pais têm metas bem mais claras e realistas. Um deles gostaria que os professores passassem menos dever de casa para as crianças. Já uma mãe queria aulas de reforço para a filha. Nenhum dos dois pareceu se importar com o que as outras pessoas pensavam deles. A fala de Sarah não focou excessivamente em tarefas. Ela agradeceu aos professores e à equipe por terem criado um ambiente acolhedor para as filhas, mas também mencionou a sujeira dos banheiros. Ela não tinha um objetivo específico em mente. Ela só queria que as pessoas a conhecessem e gostassem dela. Seus padrões sociais eram elevados, e seus objetivos, mal definidos.

A ansiedade de Sarah aumentou muito assim que ela começou a falar. Ela focou a atenção para dentro, em direção a si mesma, investindo pouca atenção no conteúdo da fala e na forma como falava. Ela se sentiu incompetente; sentiu que não tinha controle sobre sua ansiedade, convencendo-se de que é uma pessoa que fala mal em público. Como dito antes, além de se preparar em demasia, ela também falou rapidamente para terminar logo sua participação na reunião.

Um componente importante da tarefa de exposição de Sarah é a eliminação de suas estratégias de evitação. Isso significa que (1) ela não pode preparar a fala nem anotá-la no papel e que (2) ela terá de falar mais devagar. Contudo, para tornar essa exposição bem-sucedida, também precisamos dar atenção a outros fatores mantenedores.

Os fatores mais importantes para a exposição são suas metas, seus padrões sociais percebidos e a estimativa de custo social. Sarah acredita que esperam dela uma fala perfeita e que impressione as pessoas, mas ela não sabe como fazê-lo (i.e., ela demonstra ter altos padrões sociais percebidos e metas mal definidas). Além disso, ela acredita que seria uma catástrofe se estragasse tudo (alto custo social estimado). Portanto, a exposição mais eficaz para Sarah é fazer sua participação na reunião estando despreparada e com uma meta bem específica em mente (p. ex., melhores almoços na escola), falando bem lentamente e com alguns gaguejos e balbucios planejados (é por isso que chamo tal processo de "exposição a contratempos sociais"). Sarah precisa, pois, (1) prever o que vai acontecer (p. ex., as pessoas vão interrompê-la ou rir dela?) e (2) comparar sua previsão com o que realmente aconteceu.

As regras gerais são:

1. Identificar o que exatamente torna a situação ansiogênica.
2. Identificar e eliminar quaisquer comportamentos de segurança e outras estratégias de evitação.
3. Determinar a meta principal a ser alcançada. Ser específico.
4. Especificar quais tipos de contratempos sociais você teme e quais seriam as consequências sociais.

Quais são os aspectos mais determinantes do medo que você sente em dada situação social? Por favor, escolha uma situação social específica que lhe cause medo e anote suas respostas às perguntas a seguir. (Esse formulário também está disponível na página do livro em loja.grupoa.com.br.) Na sequência, veja se consegue construir uma figura semelhante à Figura 7. Tente completar a frase com um ou mais exemplos (adicione mais, se necessário).

Análise de medo da situação social

A situação social é desconfortável porque:

1.

2.

    Sua reação leva à apreensão social.

Eu acredito que as outras pessoas esperam que eu seja:

1.

2.

    Isso leva a padrões sociais.

Se eu tiver que enfrentar essa situação social, o que mais me preocupa é:

1.

2.

3.

4.

    Pare um pouco e pense sobre a última frase. Isso ocorre porque suas habilidades são insuficientes e porque você não é capaz de fazer o que deve? Ou você está preocupado que a ansiedade fuja de seu controle? Ou tem medo de ser rejeitado?

Para diminuir minha ansiedade, eu tendo a fazer o seguinte:

1.

2.

3.

    Isso obviamente leva às várias estratégias de evitação que mantêm sua ansiedade viva. Certifique-se de eliminar todas elas à medida que praticar a exposição aos medos sociais.

Algumas pessoas acham útil imaginar o cenário o mais vividamente possível. Você pode inclusive anotar essa imagem para compará-la com o que de fato aconteceu. Você se surpreenderá.

IMPLEMENTE A EXPOSIÇÃO

Agora, é hora de testar suas previsões. Lembre-se: situações sociais, muitas vezes, parecem provocar medo porque você acredita que contratempos sociais têm alta probabilidade de ocorrência e geram péssimas consequências. Uma estratégia eficaz consiste em se engajar em uma exposição a um contratempo social verdadeiro. Em outras palavras, vamos realmente estragar tudo na situação social e ver o que de fato acontece! Você não precisa fazer nada que vá lhe causar problemas de verdade (p. ex., ser demitido, preso ou divorciar-se – a não ser que de fato deseje algum desses desfechos). Em vez disso, escolha situações que fujam das normas socialmente aceitas pela maioria das pessoas e que não violem barreiras legais ou provoquem danos aos outros. Fazer isso talvez seja uma das coisas mais assustadoras que você pode imaginar, mas fica surpreendentemente fácil com o tempo. Para muitas pessoas, tais exposições são altamente eficazes, pois elas lidam simultaneamente e de uma forma muito eficiente com alguns de seus maiores problemas. Muitas pessoas acham-nas incrivelmente libertadoras. Tente! Veja o que acontece.

Alguns anos atrás, Jessica Pan, uma autora que também escreve para o jornal *The Guardian*, ligou-me de Londres para discutir seu quadro de ansiedade social. Depois de uma longa conversa, ela me pediu para dar-lhe instruções específicas a fim de lidar com seu medo de fazer papel de boba em público. Sugeri que ela, voluntária e deliberadamente, criasse uma situação em que pudesse enxergar como as pessoas reagiriam se ela fizesse algo estúpido. Especificamente, sugeri que ela abordasse cinco pessoas aleatórias no metrô de Londres e lhes fizesse a seguinte pergunta: "Com licença, você sabe se a Inglaterra tem uma rainha e, em caso positivo, qual seria o nome dela?" (isso foi antes de a rainha Elizabeth falecer). Ela achava que algumas pessoas ririam dela, ao passo que outras seriam grosseiras e se zangariam. Ela experimentou. Mas ninguém foi grosseiro com ela. Ninguém riu dela. Em vez disso, a maioria das pessoas simplesmente respondeu à pergunta. O curioso foi que duas delas pensavam que o nome da rainha era Victoria. Ela escreveu sobre essa experiência no livro *Sorry, I'm late, I didn't want to come* (Pan, 2019). Alguns exemplos que utilizei com meus clientes ao longo dos anos foram:

- Fique em frente ao Fenway Park (o estádio dos Red Sox, um time de beisebol de Boston) e pergunte a 10 pessoas, durante uma hora: "Com licença, como é que eu chego ao Fenway Park?".
- Vá a um Starbucks, peça um *croissant*, deixe-o cair no chão e fale para o caixa: "Meu *croissant* caiu... pode me dar outro? Mas não quero pagar por ele".
- Vá a um restaurante chique, peça um copo de água e pergunte ao atendente se ele já assistiu ao filme *Harry e Sally – feitos um para o outro*, e, se sim, quais eram os atores.
- Pare no meio de uma estação de metrô e cante uma música três vezes seguidas.
- "Converse" com uma estátua de bronze em um museu durante cinco minutos.

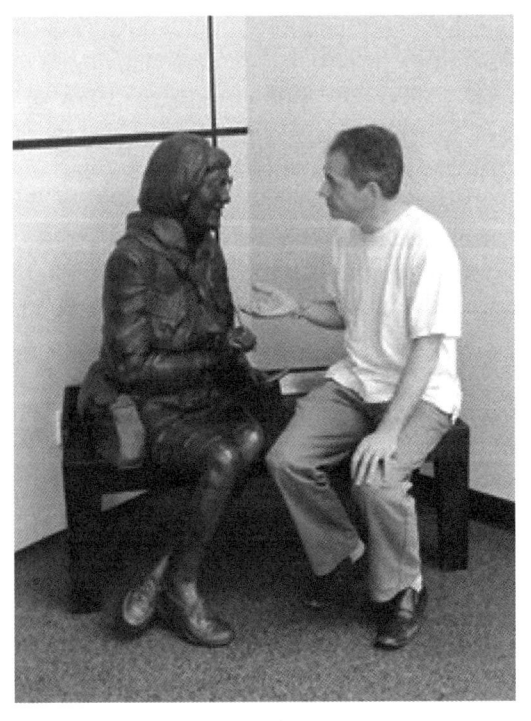

FIGURA 8 Como outras pessoas reagirão se você conversar com uma estátua de bronze em um museu? (*Copyright* Stefan G. Hofmann.)

- Vá a uma farmácia, peça uns preservativos e, quando o balconista os trouxer, pergunte: "Esse é o menor tamanho que vocês têm?". Qualquer que seja a resposta, simplesmente vire-se e vá embora sem dizer nada.
- Dirija-se a cada homem sentado à mesa de um restaurante lotado e pergunte: "Você que é o Barack Obama?".
- Vá a uma livraria e diga ao atendente: "Olá, estou procurando livros sobre peidos". Observação: realmente existem livros desse tipo. Eu sei, porque eu mesmo já fiz o teste. E, pelo que descobri, são livros infantis.

Vamos olhar com mais calma para alguns desses exemplos. Um dos pensamentos catastróficos de Sarah é: "Vai ser uma catástrofe se eu estragar tudo". Isso significa que Sarah precisa criar uma situação para experimentar o que de fato aconteceria se ela estragasse tudo em sua fala. Existem diversas maneiras de fazer isso, e uma boa ideia é tentar algumas para ver qual funcionará melhor. Por exemplo, ela pode parar de repente e dizer: "Esqueci o que eu queria falar".

Vamos olhar para outra pessoa com outros tipos de medos sociais. Você se lembra de Carrie, 50 anos, que trabalha nos correios? Eis um diálogo entre Carrie e seu terapeuta que culmina na exposição a contratempos sociais:

Terapeuta: Então, Carrie, vamos tentar testar algumas de suas preocupações em situações sociais. Você mencionou, certa vez, que uma de suas preocupações era ser tomada por louca pelos outros. Eu sei que você gosta de cantar. Existe alguma forma de testarmos sua previsão? O que faria você ser tida como louca ao cantar para outras pessoas?

Carrie: Bom, eu poderia parar na calçada e cantar algo bobo.

Terapeuta: Ótimo! Alguma ideia do que cantar? Talvez uma canção infantil? Como "Maria tem um carneirinho"...

Carrie: Sim, as pessoas com certeza me achariam doida se eu começasse a cantar essa música na calçada.

Terapeuta: Isso é ótimo. Acha que é o suficiente para fazer você parecer louca? Existe algo a mais que possamos acrescentar?

Carrie: Não sei... Mas isso certamente seria algo que me faria parecer louca.

Terapeuta: Ótimo. Que tal colocarmos em prática, então? Vamos lá fora. Gostaria que você ficasse em frente à estação de metrô e cantasse bem alto "Maria tem um carneirinho" três vezes seguidas.

Carrie: Uau. Ok. A ideia está me apavorando.

Terapeuta: Que nota você dá à sua ansiedade em uma escala de 0 a 100?

Carrie: Neste exato momento, acho que 70... mas tenho certeza de que subirá para 100 quando formos lá fora. Você vai ficar do meu lado?

Terapeuta: Eu vou ficar a meio quarteirão de distância, de modo a conseguir ouvir e ver você e as outras pessoas. Não quero funcionar como uma pessoa de segurança para você. O que acha que as outras pessoas farão? Quais são suas previsões?

Carrie: Bom, acho que as pessoas em volta vão rir de mim, e alguém provavelmente vai chamar a polícia para me levar embora.

Terapeuta: Ótimo. Obrigado. Então você acha que as pessoas vão se reunir ao seu redor e rir de você e que a polícia também vai chegar. Qual é a chance de as pessoas se reunirem ao seu redor, rirem de você e de a polícia chegar, em uma escala de 0 a 100?

Carrie: Não sei. Talvez 90?

Terapeuta: Maravilha. Nós discutimos um erro de pensamento em particular chamado de superestimação de probabilidades, que ocorre quando superestimamos a probabilidade de um evento ruim cuja chance de ocorrência é baixa. Você acha que esse "90" está correto?

Carrie: Não sei. Provavelmente não. Mas é assim que me sinto.

Terapeuta: Entendo. Existe outro erro de pensamento chamado de raciocínio emocional, que consiste, por exemplo, em pensarmos de uma maneira ansiosa por estarmos nos sentindo ansiosos. Mas esse pensamento pode não corresponder à realidade. A melhor maneira de tirarmos a prova e corrigirmos esses erros de pensamento é testando nossas crenças. O que acha?

Carrie: Ok, vou tentar.

Embora Carrie tenha pensado que sua ansiedade chegaria a 100, ficou surpresa com o fato de a ansiedade ter diminuído bastante nos primeiros minutos. Para sua surpresa, nada ocorreu de fato. As pessoas simplesmente passaram, e a maioria nem sequer notou sua presença; algumas pessoas sorriram. Nenhuma multidão se reuniu ao seu redor; ninguém riu; a polícia não veio. No fim das contas, Carrie percebeu que a situação não foi, nem de perto, tão ruim quanto esperava. Carrie teve de reconhecer que precisava corrigir a probabilidade que atribuíra ao cenário temido – pessoas se reunindo à sua volta e rindo. Mas e se isso realmente tivesse acontecido? Continuemos acompanhando o diálogo entre Carrie e seu terapeuta.

Terapeuta: Então, vamos considerar que o pior irá acontecer. Você poderia resumir, novamente, qual seria esse cenário?

Carrie: Não sei. Talvez um grupo de pessoas se reuniria ao meu redor e riria de mim ou chamaria a polícia.

Terapeuta: Ok. Temos aqui duas previsões. Vamos testar uma de cada vez. Na primeira, vamos considerar que um grupo de umas cinco pessoas se reúna à sua volta, apontando para você e rindo. Elas estariam xingando? Gritando?

Carrie: Não sei ao certo. Talvez rindo e apontando para mim...

Terapeuta: Isso porque estariam julgando você de uma forma negativa?

Carrie: Sim.

Terapeuta: Você já foi julgada negativamente no passado?

Carrie: Sim. Muitas vezes.

Terapeuta: Mas é claro, todo mundo já passou por isso. É horrível. Mas a gente sobrevive, e a vida continua. Você, obviamente, também sobreviveu a essa situação, já que está conversando aqui comigo. Meu ponto é: ser julgado negativamente é bem comum. É uma experiência desagradável, mas de curta duração. Temos maneiras de lidar com isso. Você tem maneiras de lidar com isso. Chamamos esse erro de pensamento de *pensamento catastrófico*. Significa que estamos exagerando algo que não precisa ser exagerado. Catástrofes realmente existem, como a morte. Mas ser julgado negativamente por outra pessoa não é uma catástrofe.

Os exercícios de exposição de Carrie devem ser planejados com base em suas demandas específicas. Por exemplo, Carrie pode modificar sua exposição passando a utilizar um chapéu espalhafatoso, a fim de parecer mais doida ainda, ou cantar uma música sendo propositalmente desafinada, para ser julgada de forma ainda mais negativa.

Vejamos quais tipos de exercícios abrangem as demandas específicas que você tem. Escreva um diálogo entre seu *eu corajoso* e seu *eu ansioso*. Seu "eu corajoso" fará o papel de terapeuta, e seu "eu ansioso", de paciente.

Seu "eu corajoso" pode pressionar seu "eu ansioso" com perguntas do tipo: "O que o preocupa mais?", "Você tem medo de ser julgado negativamente?", "De parecer louco?", "De parecer grosseiro?", "De parecer idiota?". Vá em frente e faça isso em uma folha de papel, com o objetivo de criar exercícios bem específicos de exposição para seu "eu ansioso", a fim de testar suas previsões. Depois de ter planejado seus exercícios de exposição a contratempos sociais, teste-os e veja o que acontece.

Esses exercícios são mais eficazes se elaborados de acordo com suas preocupações e seus medos peculiares. O que acontece como resultado desses exercícios é que você obtém outra perspectiva, que modifica a forma como se sente. Isso ocorre porque sua maneira de *pensar* e seu modo de perceber uma situação têm uma influência enorme na forma como você se *sente*. Isso significa que *você ganha controle sobre a forma como se sente mudando sua maneira de pensar*.

As crenças são nossas visões gerais sobre o que é certo e o que é errado; o que é bom e o que é ruim; o que é desejável e o que não é. Elas são as suposições básicas sobre o mundo, o futuro e sobre como devemos agir. Algumas dessas crenças podem também ser crenças ansiosas. Crenças ansiosas costumam ser difíceis de questionar e enfrentar, pois geralmente são consideradas como fatos por nós. Elas parecem fazer parte de nós, parte de nossa personalidade. Elas são os "devo isso, devo aquilo..." e os "não devo isso, não devo aquilo...". Muitas dessas crenças são desejáveis e nos ajudam a funcionar no mundo. "Você deve evitar magoar as outras pessoas", "Você deve ser honesto", "Você não deve explorar os outros", e assim por diante. Esses são exemplos de crenças muito adaptativas e valiosas. Outras crenças, pelo contrário, são irracionais, desadaptativas e disfuncionais. Elas nos limitam, inibem e nos tornam prisioneiros de nossas convicções. Muitas crenças irracionais têm a ver com o perfeccionismo. "Você não deve demonstrar ansiedade ou fraqueza em frente às pessoas", "Você não deve cometer erros quando estiver realizando alguma tarefa social" ou "Todos da plateia precisam adorar seu discurso". Adivinhe só – ninguém é perfeito. Nem mesmo você.

Será que atropelar algumas palavras, perder o fio da meada por alguns segundos ou ficar com o rosto vermelho na frente dos outros é algo tão horrível assim? A maioria das pessoas não vai nem notar. E, mesmo que note, provavelmente não está se importando tanto. Na verdade, as pessoas que cometem alguns erros costumam ser vistas como mais agradáveis do que aquelas que não cometem erro algum. Ser imperfeito é humano. É claro, você já sabe disso, em teoria. Provavelmente, é fácil dar esse conselho para um amigo ou uma criança. Contudo, se você for como a maioria das pessoas com ansiedade social, é bem menos compreensivo e empático consigo mesmo. Seu lado autocrítico simplesmente o domina. De certa forma, você precisa reaprender a aceitar-se do jeito que é. Esse será o foco principal do próximo capítulo.

COMPARE E REVISE A EXPOSIÇÃO

Depois de completar uma exposição a algum contratempo social, é importante refletir e comparar o que você imaginava que iria acontecer com o que de fato aconteceu. Isso gera uma discrepância entre imaginado e real, levando a uma mudança radical em sua percepção. Depois da terapia para o TAS, as pessoas costumam resumir as lições que aprenderam de uma maneira parecida com esta:

1. Quanto mais pensar que as pessoas têm expectativas em relação a você, maior será a sua ansiedade. Essas expectativas podem não estar corretas.
2. É importante definir claramente quais são os objetivos de uma situação social. Do contrário, não saberemos se os alcançamos ou não, nem se ela foi um sucesso.
3. Quanto mais você focar em si mesmo durante uma situação social, mais ansioso ficará.
4. As pessoas não sentem ansiedade se estão confortáveis consigo mesmas durante uma situação social.
5. Contratempos sociais são normais; não é lá grande coisa se eles acontecerem.
6. As pessoas não podem enxergar a intensidade da sua ansiedade, e você tem mais controle sobre sua ansiedade do que pensa.
7. Suas habilidades sociais provavelmente são melhores do que você pensa. Se não for esse o caso, então reajuste seus padrões.
8. Comportamentos de segurança e outras formas de evitação levam à manutenção e ao agravamento da ansiedade.

Voltaremos a alguns desses pontos novamente nos próximos capítulos.

Para concluir: a ansiedade social não é, de fato, o problema principal. Os problemas são a forma como você pensa sobre si mesmo e sobre as situações sociais e sua resposta a elas. À medida que for mudando seu jeito de se posicionar, você observará uma mudança drástica em sua ansiedade. Contudo, isso levará algum tempo e demandará paciência de sua parte. Essa nova postura em relação às situações sociais é como uma nova rotina de exercícios aprendida na academia. É necessário usar músculos que você nem sabia que tinha. É bastante desconfortável no começo. Mas, com a repetição, vai ficando cada vez mais fácil, e você se aproximará cada vez mais de seus objetivos – de viver a vida que deseja!

6
Aceitando a si mesmo

Aceitar a si mesmo e aceitar as condições à sua volta são, em conjunto, as estratégias mais eficazes para lidar com as situações sociais que não podem ser facilmente modificadas – inclusive com suas respostas emocionais a elas. Em vez de lutar e de se frustrar com uma situação ou consigo mesmo, você pode adotar outra postura: aceitar as coisas, incluindo a si mesmo.

Como você se sente em relação a si mesmo quando está perto dos outros? Muitas pessoas com ansiedade social não gostam de se ver na condição de objeto social. Isso lhe é familiar? Você se sente desconfortável ao ver uma foto sua? Seu sorriso lhe parece falso? Seus dentes são grandes demais? Você acha seu andar desengonçado ao assistir a um vídeo seu? Não gosta de ouvir a própria voz? Essas coisas não são nem um pouco raras para aqueles com ansiedade social. Mas por que as pessoas com ansiedade social não gostam de olhar para si mesmas, ainda que não haja ninguém por perto que possa avaliá-las negativamente? Bem, na verdade existe alguém o avaliando de forma negativa: você!

A ansiedade social tem muito a ver com autopercepção negativa. Se você não se aceita do jeito que é, naturalmente irá supor que mais ninguém o aceitará pelo que é. A crença sobre o que as outras pessoas pensam de você é, pois, em parte, um reflexo do que você pensa de si mesmo. Portanto, mudar a maneira de perceber a si próprio mudará sua crença em relação ao que as pessoas pensam de você. Isso, por sua vez, determinará seu nível de desconforto e ansiedade em uma situação social. Vamos nos aprofundar na autopercepção, no que ela é e em como modificá-la. Talvez isso atinja em cheio o núcleo da sua ansiedade social.

ANSIEDADE SOCIAL E O *SELF*

Existem três tipos de sistemas de crenças: pensamentos a respeito do *self* ("mim"), pensamentos sobre o mundo e pensamentos sobre o futuro. Esses três sistemas de crenças passaram a ser conhecidos, conjuntamente, como "tríade cognitiva" (Beck e Emery, 1985). Nosso foco aqui serão os pensamentos a respeito do *self*. Alguns desses pensamentos são positivos; outros, negativos. Por exemplo, "Sou uma pessoa de mente aberta" é um pensamento autocentrado positivo, ao passo que "Sou impaciente" é um pensamento autocentrado negativo. Alguns desses pensamentos autocentrados são também, por natureza, sociais. Por exemplo, "Eu sou digno de confiança" é um pensamento autocentrado positivo, ao passo que "Sou incompetente socialmente" é um pensamento autocentrado negativo. Tenho certeza de que você consegue pensar em muitos outros exemplos. Por favor, escreva-os sem refletir demais sobre eles. Quem é você? Como você descreveria a si mesmo? Tais pensamentos o definem como um ser social – como um objeto em nosso mundo social.

Sabemos que tratamentos eficazes para o transtorno de ansiedade social (TAS) levam a mudanças na maneira de pensarmos e de percebermos nosso ambiente social e a nós mesmos na condição de objetos sociais. Isso não inclui apenas a percepção de perigo em situações sociais, mas também a percepção de nossas habilidades sociais para dominar a situação e a percepção de controle sobre nossa resposta ansiosa em situações sociais.

Tais mudanças não são exclusivas ao tratamento do TAS. Na verdade, a ansiedade social tem muitas semelhanças com outros tipos de ansiedade. Contudo, a ansiedade social difere de outras formas de ansiedade porque diz respeito à sua avaliação e percepção de si mesmo. Diferentemente de pessoas que sentem ansiedade em relação a cachorros, por exemplo, uma pessoa ansiosa por ter de falar em público não está tão preocupada assim com uma lesão corporal, mas com o impacto negativo potencial no próprio *self*. Muitas pessoas com ansiedade social tendem a se preocupar em excesso com a opinião alheia; como resultado, tornam-se muito sensíveis às avaliações dos outros. Elas monitoram constantemente a si mesmas em situações sociais e são excessivamente autocríticas.

Os psicólogos sociais referem-se a esse fenômeno como "autoconsciência pública" (porque ele se refere aos aspectos públicos do *self*). A autoconsciência pública leva à autoconsciência situacional,* um aspecto comum da ansiedade social. A ansiedade social pode criar um ciclo de *feedback*, dentro do qual uma autoconsciência disposicional exacerbada faz você agir de um jeito estranho (por se sentir estranho), o que reforça a ideia errônea de que você precisa monitorar de perto seu desempenho social. A atenção tem uma capacidade limitada. Se grande parte da sua atenção estiver ocupada com uma tarefa (como processos de automonitoramento), menos atenção estará disponível para outras coisas (como desempenho em tarefas). É por isso que a maior parte das pessoas acha difícil acompanhar duas conversas diferentes ao mesmo tempo na mesa de jantar.

Com isso, atenção autocentrada, depressão, desempenho social e ansiedade social são coisas que se encontram intimamente ligadas. O grande diferencial que leva à *manutenção* da ansiedade social é a atenção autocentrada: uma ansiedade social mais intensa leva ao aumento da atenção autocentrada durante a situação social. Em outras palavras, quanto mais tempo você passa pensando sobre como vai se sair em situações sociais, mais ansiedade social sente. A atenção que poderia ser usada para desempenhos sociais bem-sucedidos (p. ex., falar em público, conversar, contar uma história, escutar alguém atentamente) é dedicada, então, ao automonitoramento. É possível que você dedique sua atenção para tentar controlar seu próprio desempenho e aparência – o que é chamado de autorregulação. Não é surpresa, portanto, que isso gere ainda mais ansiedade, estabelecendo um círculo vicioso (Figura 9).

Um tratamento psicológico eficaz para ansiedade social leva à diminuição da atenção autocentrada. Na verdade, a mudança na atenção autocentrada está diretamente relacionada a ganhos terapêuticos, como demonstramos em nossos estudos (Hofmann, 2000; Hofmann et al., 2004). Em um estudo (Hofmann, 2000), tratamos os pacientes com TAS utilizando a terapia cognitivo-comportamental (TCC). Antes e depois do tratamento, avaliamos o nível de ansiedade social dos participantes e pedimos a eles que fizessem um

---

*N. de T. A palavra "autoconsciência" sozinha tem sentido genérico – consciência de si mesmo (*self*). Isso porque, em português, o termo "consciência" costuma ser utilizado para traduzir as seguintes palavras (de sentidos distintos) empregadas na literatura psicológica em língua inglesa: *awareness* e *consciousness*. Assim, para evitar ambiguidade na tradução dos conceitos de *self-awareness* – a consciência da existência do próprio *self* ("si mesmo"), que não é exclusiva aos humanos, estando intimamente ligada à empatia e à inteligência social – e *self-consciousness* – um processo que costuma envolver, além da consciência, a atenção e o monitoramento –, em português, pode-se recorrer às expressões "autoconsciência situacional" (= *self-awareness*) e "autoconsciência disposicional" (= *self-consciousness*).

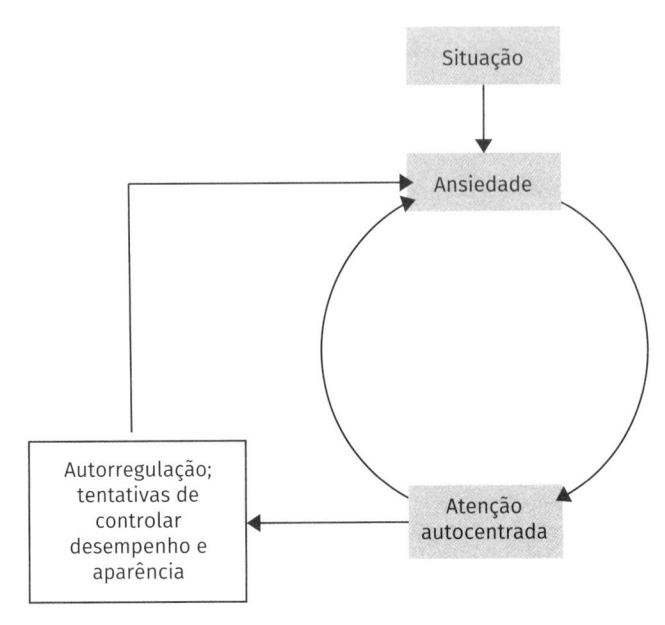

FIGURA 9 O papel da atenção autocentrada na ansiedade social (*copyright* Stefan G. Hofmann, 2022).

teste social. Esse teste consistiu em quatro tarefas sociais reais: fazer um discurso para um homem e uma mulher, iniciar e manter uma conversação com um estranho, discordar de um estranho e resolver problemas matemáticos fáceis em um quadro com duas pessoas assistindo. Cada tarefa durou 10 minutos e foi precedida por um período de preparação de três minutos. Ao final desse tempo de três minutos, solicitou-se aos participantes que escrevessem quaisquer pensamentos que tiveram durante esse período de preparação.

Os participantes relataram um total de 506 pensamentos. Dois avaliadores classificaram os pensamentos em uma de nove categorias mutuamente excludentes (listadas aqui com exemplos): (1) pensamentos positivos focados em tarefas ("essa tarefa vai ser fácil"); (2) pensamentos negativos focados em tarefas ("esses testes são difíceis"); (3) pensamentos neutros focados em tarefas ("estava pensando sobre o que iria falar"); (4) pensamentos autocentrados positivos ("eu dou conta disso"); (5) pensamentos autocentrados negativos ("estava com receio de fazer papel de bobo"); (6) pensamentos autocentrados neutros ("estou cansado"); (7) pensamentos positivos com outros focos ("estava pensando em como era linda a vista da janela"); (8) pensamentos negativos com outros focos ("estava preocupado com a declaração de imposto de renda que terei de fazer ao longo da semana"); e (9) pensamentos neutros com outros focos ("estava preocupado com as vantagens e desvantagens de viver em Boston em comparação com outros lugares").

Os resultados revelaram que apenas mudanças em pensamentos autocentrados negativos tiveram alta correlação com mudanças na ansiedade social induzidas por tratamentos. Em outras palavras, quanto mais as pessoas melhoraram a ansiedade social durante o tratamento, menos pensamentos autocentrados negativos foram relatados antes das tarefas sociais. Em um estudo posterior mais abrangente, verificamos, mais uma vez, que o tratamento psicológico se mostrou especificamente associado à redução significativa da frequência de pensamentos autocentrados negativos (Hofmann et al., 2004). Esses resultados sugerem que o TAS é um transtorno da autopercepção em que as pessoas veem a si mesmas muito negativamente na condição de objetos sociais. Para o tratamento ser eficaz, a intervenção precisa reduzir a autopercepção negativa.

Ser gravado em vídeo e olhar-se no espelho aumentam a autoconsciência situacional, deixando menos recursos atencionais disponíveis para um desempenho satisfatório em tarefas. De certo modo, muitas pessoas com ansiedade social sentem-se constantemente observadas pelos outros, como se uma câmera estivesse as gravando o tempo inteiro. Pesquisas revelam, porém, que não existe diferença clara em habilidades sociais entre pessoas com ansiedade social (e autoconsciência disposicional) média e alta, sob condições de baixo autofoco (i.e., quando não há câmera de vídeo ou espelho presentes). O impacto negativo da atenção autocentrada no desempenho social é muito sutil e pouco visível aos olhos sem treinamento. Contudo, ainda assim o automonitoramento constante pode ser exaustivo e jogar seu humor lá para baixo. Por outro lado, ficar de bom humor associa-se com frequência a uma atenção autocentrada diminuída e a menos ansiedade social. Isso significa que reduzir a atenção autocentrada – particularmente a atenção autocentrada negativa – não irá apenas reduzir sua ansiedade, mas também irá melhorar seu humor. Depois que ficar confortável com seu jeito de ser, você sentirá menos necessidade de monitorar-se, e a ansiedade social consequentemente desaparecerá.

EXPOSIÇÃO AO ESPELHO E À PRÓPRIA VOZ

Você se lembra da nossa discussão sobre contato visual mais no início deste livro? Parece que pessoas com TAS demonstram ter uma resposta exagerada a rostos humanos e, sobretudo, ao contato visual direto. Olhar diretamente para si mesmo no espelho pode ser bastante eficaz para diminuir a resposta exagerada a rostos e olhos. A exposição à própria imagem no espelho aumenta a atenção autocentrada. Você sentirá um impulso para conferir cada detalhe em sua imagem. Resista. Vá ao banheiro, tranque a porta e olhe para si mesmo no espelho por 10 minutos. Não faça nada além disso. Apenas olhe para si sem julgamentos. Não tente parecer bacana nem confira detalhes. Em vez disso, simplesmente olhe para seu rosto e olhos como se pertencessem a outra pessoa que você gostaria de conhecer. Experimente a própria presença. Fazendo isso, você se expõe ao próprio *self* – não à sua aparência exterior. Caso se sinta desconfortável, teremos atingido o alvo. Faça isso todos os dias. Continue até ficar mais fácil. Se não o ajudar, siga em frente.

Pessoas com TAS também costumam não gostar de escutar as próprias vozes. Contudo, a voz faz parte de seu próprio *self*. Não procure mudá-la. Aceite-a como ela é. De forma semelhante ao exercício de exposição ao espelho, grave sua voz. Idealmente, grave um discurso em seu *smartphone* sobre algum assunto que você não domina. Quanto mais imperfeito for seu discurso, melhor. Ouça a gravação várias vezes. No começo, parecerá estranho. Você perceberá as várias pausas que fez e os erros que cometeu. Isso é bom. Apenas escute a gravação. Você pode, inclusive, combiná-la com a exposição ao espelho. A meta é aceitar-se do jeito que você é – com todas as imperfeições e estranhezas. Com o tempo, o desconforto diminuirá. Tal processo é normal e conhecido como *habituação*. Tudo de que você precisa é expor-se sem tentar tornar a experiência mais fácil para si. Com o tempo, ficará naturalmente mais fácil.

TREINAMENTO DE ATENÇÃO AUTOCENTRADA

A fim de perceber aspectos do próprio *self*, você precisa direcionar a atenção para si mesmo. No entanto, a atenção tem capacidade limitada. Se você foca a atenção em si mesmo, menos atenção fica disponível para o desempenho social em questão, bem como para qualquer outra coisa, como aproveitar o momento e criar conexões significativas com as pessoas. Isso, é claro, aumenta sua ansiedade.

Você pode focar a atenção em coisas distintas durante uma tarefa de desempenho social. Por exemplo, pode focá-la em suas sensações corporais ("Meu coração está batendo rápido", "Será que as pessoas conseguem ver que estou suando?"), em sua aparência ("Não deveria ter escolhido este vestido", "Espero que não fiquem olhando para minha espinha"), ou em seus comportamentos ("Estou me mexendo demais", "Por que estou gaguejando tanto?"). Em cada caso, a atenção está sendo sugada de seu desempenho em determinada tarefa e direcionada a si mesmo.

É normal ter alguns desses pensamentos às vezes. Entretanto, isso vira um problema quando você tem muitos deles na maior parte do tempo. Se eles surgirem, deixe-os vir e passar. Foque de novo, gentilmente, seus pensamentos na tarefa e siga em frente. Para isso, você precisa desfocar a atenção de si mesmo. Um modo de fazer isso é simplesmente direcionando o foco para seu objetivo. Isso demanda certa flexibilidade, que pode ser treinada. A seguir, há um exemplo de um treinamento básico que fiz com Sarah.

Logo antes de Sarah falar, manipulei seu foco atencional, pedindo-lhe que:

1. focasse em seus sintomas de ansiedade e seu *self* e os descrevesse (30 segundos);
2. focasse no ambiente e o descrevesse (30 segundos);
3. focasse em sua fala e a resumisse (30 segundos).

Foi assim que a coisa andou:

Terapeuta: Em quanto está sua ansiedade neste momento, em uma escala de 0 (sem ansiedade) a 10 (ansiedade extrema)?

Sarah: Está alta... talvez 8.

Terapeuta: Como é sentir uma ansiedade "8"? Por favor, direcione a sua atenção para dentro e me diga o que está acontecendo com seu corpo.

Sarah: Sinto o coração batendo rápido, as palmas das mãos suadas e a boca seca.

Terapeuta: Obrigado. O que mais percebe dentro de você? Que tipos de pensamentos estão passando pela sua cabeça?

Sarah: Estou prestes a fazer papel de boba porque não sei quase nada sobre o assunto.

Terapeuta: Ok. Em quanto está sua ansiedade agora, em uma escala de 0 a 10?

Sarah: Não mudou. Talvez tenha caído um pouquinho... talvez 7.

Terapeuta: Ok. Agora, olhe ao seu redor, por gentileza. O que a deixa ansiosa neste ambiente?

Sarah: Você está sentado aí, olhando para mim enquanto espera. Isso me deixa bem desconfortável.

Terapeuta: Ótimo. E em quanto está sua ansiedade agora?

Sarah: Na mesma. Entre 7 e 8.

Terapeuta: Agora, por favor, diga-me o que mais você vê no ambiente que não aumenta sua ansiedade?

Sarah: Vejo um quadro em cada parede. E a planta.

Terapeuta: Mais alguma coisa?

Sarah: O tapete. E também os papéis na mesa lá atrás e os livros nas estantes. O abajur é bonito...

Terapeuta: Ótimo trabalho! Em quanto está sua ansiedade neste exato momento, em uma escala de 0 a 10?

Sarah: Não mudou muito. Mas talvez um pouco menos intensa porque eu estava me distraindo. Talvez 7 e meio.

Terapeuta: Obrigado. Agora, foque na fala que você está prestes a dar, por gentileza. Foque no assunto em mãos e o resuma para mim em mais ou menos uma ou duas frases.

Sarah: Quero falar para as pessoas sobre aquecimento global.

Terapeuta: Excelente. Em quanto está sua ansiedade agora?

Sarah: Acabou de subir para 8.

Terapeuta: Obrigado. Por favor, diga-me quais metas você gostaria de alcançar. Sem mencionar sua ansiedade, o que faria dessa situação um sucesso? Existem comportamentos ou outras coisas que você poderia fazer para transformar essa situação em um sucesso?

Sarah: Simplesmente conseguir falar por três minutos já seria um sucesso.

Terapeuta: Concordo. O que mais? Existem comportamentos – gestos, contato visual, etc. – que fariam da situação um sucesso?

Sarah: Talvez manter contato visual com as pessoas.

Terapeuta: Ótimo. Então a meta é falar por três minutos e fazer contato visual com no mínimo três pessoas?

Sarah: Sim.

Terapeuta: Pronta para começar?

Sarah: Pronta.

Perceba que perguntei a Sarah sobre a ansiedade depois de cada mudança atencional. Isso porque quis examinar a ligação entre o direcionamento de sua atenção para gatilhos precipitantes e não precipitantes de medo e sua ansiedade subjetiva. Mesmo que tal ligação não possa ser demonstrada tão facilmente, o exercício mostra que o foco atencional está sob controle voluntário e contribui para a ansiedade.

APRIMORANDO OS SENTIMENTOS POSITIVOS EM DIREÇÃO AO *SELF* E AOS OUTROS

Muitas pessoas com ansiedade social são demasiado autocríticas (o que, em geral, as torna bastante perfeccionistas) e, não raro, monitoram-se com bastante frequência, a fim de encontrar todos os aspectos negativos que as incomodam. Além do mais, elas consideram que as outras pessoas também enxergam essas falhas. A visão negativa de *self* é, provavelmente, a razão pela qual a ansiedade social se encontra tão intimamente associada à depressão em muitas pessoas. Vamos exemplificar com Carrie, do Capítulo 1. Carrie demonstra uma visão muito negativa de si. Carrie vive uma vida muito isolada, mas deseja contato social. Duas das razões para sua ansiedade social são a autopercepção negativa e a autocrítica.

Reduzir a autocrítica (que anda junto da aceitação de si) constrói autoconfiança. Em vez de tentar melhorar as habilidades sociais e a forma como os outros o enxergam, você pode simplesmente aceitar suas fraquezas, apreciar suas capacidades e contentar-se com seu jeito de ser. Não seja perfeito; demonstre algumas fraquezas diante dos outros e seja quem você é. Isso com certeza é mais fácil de falar do que fazer, é verdade... Mudar a autopercepção demanda tempo, mas é uma meta alcançável. Uma poderosa prática para isso é a *meditação de gentileza amorosa* (ou meditação *metta*).

A palavra "amor" pode assumir diferentes significados. Pode ser o amor romântico entre duas pessoas; pode se referir ao amor que se tem pelos filhos ou pelos pais. Somos capazes de sentir amor pelo nosso país e até mesmo por certos produtos ou atividades. Em todo caso, a palavra é utilizada para descrever uma emoção positiva; mas a natureza do sentimento é bastante distinta dependendo do objeto do amor. "Gentileza" é um termo relacionado. Assim como o amor, a gentileza tem uma conotação positiva. Comumente, usamos os adjetivos "gentil" e "amoroso" na mesma frase, como "Ela é uma pessoa gentil e amorosa". Isso implica que a pessoa que estamos descrevendo é um ser humano bom e cuidadoso, que se preocupa com o bem-estar dos outros, que é empático, socialmente conectado aos outros e compassivo.

Meditação de gentileza amorosa (*metta*)

À medida que for praticando a meditação a seguir, você irá repetir gentilmente algumas frases, direcionando a compaixão e a aceitação nelas contidas para diferentes grupos de pessoas e para si mesmo. Durante o processo, tente não cair em uma repetição do tipo "piloto automático". Em vez disso, tente dizer as frases atenta e plenamente cada vez que as repetir, concentrando toda a sua atenção nelas, em seu significado e nos sentimentos que elas despertam. Você também pode fazer testes com suas frases durante o exercício, modificando-as de modo a melhor se enquadrarem em sua prática personalizada de *metta* (gentileza amorosa).

Vamos tentar. Escolha quatro frases da lista a seguir ou crie as suas próprias frases. O processo de escolher as frases costuma ajudar-nos a esclarecer nossa intenção, e você pode refiná-las e modificá-las ao longo da prática.

- Que você esteja seguro
- Que você seja feliz
- Que você ame e aceite a si mesmo do jeito que é
- Que você se liberte do sofrimento e das causas do sofrimento
- Que você esteja em paz
- Que você seja alegre
- Que você seja corajoso e alegre
- Que você se liberte do medo
- Que você viva tranquilamente
- Que sua vida transcorra tranquilamente
- Que você seja sábio e habilidoso

Novamente, se puder pensar em frases melhores, utilize-as. Que seja aquilo que traga conforto. Carrie, por exemplo, escolheu as frases: "Que você se liberte do medo", "Que você seja corajoso e alegre", "Que você seja sábio e habilidoso" e "Que você seja capaz e forte" (frase de Carrie). Direcione essas frases a várias pessoas, incluindo você mesmo.

Essa prática não deve ser vista como uma mera repetição mecânica de imagens ou frases. Em vez disso, o objetivo é investigar de forma diligente o que acontece quando nutrimos gentileza amorosa e compaixão para obter *insight* a respeito da natureza dessas emoções, bem como de nossa relação pessoal com elas. Os passos são estes (tente ficar pelo menos 5-10 minutos em cada um):

1. Concentre-se em um "benfeitor" (i.e., uma pessoa pela qual você nutre profundo respeito e gratidão. A pessoa deve estar viva e não pode despertar desejos sexuais).
2. Concentre-se em um grande amigo (i.e., uma pessoa viva e que não desperte desejos sexuais).
3. Concentre-se em seu *self*.
4. Concentre-se em alguém neutro (i.e., uma pessoa viva que não desperte nem sentimentos particularmente positivos nem negativos, mas com quem você costuma se encontrar no dia a dia).
5. Concentre-se em uma pessoa "difícil" (i.e., uma pessoa viva que esteja associada a sentimentos negativos).
6. Concentre-se no *self*, em seu grande amigo, na pessoa neutra e na pessoa difícil ao mesmo tempo (com a atenção igualmente dividida entre eles).
7. Concentre-se em grupos de pessoas.

O foco no *self* pode ser bem difícil para pessoas com TAS e depressão. Se for o caso, fique à vontade para colocar esse passo mais para o final da sequência – depois da pessoa neutra, por exemplo.

Se você não sentir nenhuma mudança durante a meditação, não force a barra. Por exemplo, na primeira categoria, simplesmente contemple o benfeitor e sua bondade, ou pense em como ele o ajudou. Então, direcione as frases *metta* para seu benfeitor. Aparecendo ou não um sentimento de *metta*, você pode permanecer conectado às frases, ao seu significado e a uma consciência do benfeitor. Seu benfeitor pode mudar com o tempo, e está tudo bem. Tente conectar-se a cada frase, uma por vez. Não há necessidade de se preocupar com o que passou, nem de adivinhar o que vai acontecer, nem mesmo a próxima frase. Não se esforce para criar um sentimento de *metta*. Apenas repita as frases, demonstrando, assim, sua intenção, e confie que a natureza seguirá o próprio curso.

Carrie considerou uma antiga colega e amiga que se mudou, sua médica e sua sobrinha como possíveis benfeitores; por fim, escolheu a médica. Durante a prática, Carrie mentalizou sua médica, visualizou-a e repetiu para si o nome dela. Carrie relembrou as diferentes maneiras pelas quais a médica foi de grande ajuda para si e outras pessoas. O pensamento sobre a quantidade de pessoas que a médica ajudou até o presente fez crescerem os sentimentos positivos (*metta*) de Carrie em relação a ela.

Carrie pôde experimentar sentimentos positivos em relação à médica (a benfeitora) bem como em relação a uma grande amiga. Em seguida, Carrie se concentrou na pessoa neutra. Quando se está focando na pessoa neutra, deve-se pensar, por um momento, sobre a condição de ser vivo dessa pessoa, que, assim como você e os outros, deseja a felicidade e comete erros. Não temos razão para nos sentirmos desconectados dessa pessoa. Assim como nós, Carrie já foi criança, vulnerável, limitada em conhecimento e dependente dos adultos à sua volta. Assim como nós, pessoas neutras estão tentando responder aos desafios e às responsabilidades da vida adulta de uma maneira que lhes traga felicidade. Elas experimentarão tanto alegria quanto sofrimento. Elas terão certas habilidades e carecerão de outras. E, assim como nós, elas são vulneráveis à doença, ao envelhecimento e à morte. Quando paramos e refletimos sobre esses *insights*, enxergamos que temos muitas coisas em comum com as pessoas neutras. Quando reconhecemos tais experiências humanas que compartilhamos com pessoas neutras, é possível nos sentirmos mais conectados e menos isolados. Assim como podemos desejar paz, alegria e bem-estar a um benfeitor, a nós mesmos e a uma pessoa amada, podemos desejar o mesmo para uma pessoa neutra. Tente refletir sobre o desejo – idêntico ao nosso – desses indivíduos de serem felizes e direcione suas frases *metta* a eles por um momento. Pense neles como pessoas que têm a própria vida com altos e baixos, com o mesmo ciclo incontrolável de bem e de mal. Carrie escolheu o vigia de seu trabalho.

Depois, Carrie direcionou a meditação *metta* para si. Pense na vida como uma estrada com muitas curvas inesperadas; com montanhas e vales. Imagine caminhar por essa estrada ao lado de uma pessoa crítica, que sempre encontra defeitos em você. Talvez essa pessoa o critique por ser lento, por se sentir perdido, por tropeçar e cair... Em seguida, imagine caminhar pela mesma estrada com uma pessoa gentil (o benfeitor), que é compreensiva, amigável e que tem bom senso de humor. Essa pessoa se empolga com você e chama a sua atenção para o desafio que é caminhar por tal estrada e para o fato de ninguém lhe oferecer um mapa. Essa pessoa fica feliz por você estar na estrada, mesmo quando se sente perdido, e por se levantar quando cai. Essa pessoa reconhece suas forças e usa os altos e baixos da estrada para ajudá-lo a crescer em sabedoria e compreensão de si mesmo e dos outros. Essa é a mesma estrada, mas caminhar por ela ao lado de uma pessoa gentil seria bem diferente de trilhá-la com uma pessoa crítica. Todos temos uma voz interior gentil e uma crítica. Essas vozes nos fazem companhia enquanto andamos pela estrada da vida. Aprender a ser gentil consigo mesmo demanda prestar mais atenção na voz gentil. Perceba que a estrada não muda. Você passará pelas mesmas curvas e obstáculos; a diferença é como você caminha. Ser gentil consigo mesmo pode ser difícil. Muitas vezes nos cobramos demais, com padrões elevadíssimos, que são impossíveis de alcançar. Então, nos criticamos por não alcançar tais padrões inalcançáveis. Outras vezes, temos dias ótimos nos quais tudo que fazemos dá certo, mas não tiramos o tempo para focar nessas coisas nem nos damos o devido crédito por isso. Pelo contrário, concentramo-nos naquela coisa que não saiu conforme o esperado ou naquela outra que poderíamos ter feito melhor. Somos capazes de gastar muito tempo e energia criticando-nos por causa de um erro. Jamais falaríamos com outra pessoa da maneira julgadora com a qual falamos com nós mesmos. Imagine como seria falar consigo mesmo como você fala com um grande amigo...

Fortaleça deliberadamente sua voz interior gentil na meditação *metta*. A voz interior crítica enfraquecerá com o tempo. Se você tem o hábito de encontrar falhas e de ser duro consigo mesmo, aprender a ser gentil e amigável pode levar tempo. Uma série de sentimentos podem surgir, indo do desvalor e do não merecimento ao sentimento de egoísmo. Se você experimentar resistência e sentimentos difíceis quando estiver praticando a meditação de gentileza amorosa para consigo mesmo, receba tais sentimentos diligentemente. Em outras palavras, observe-os com aceitação e sem julgamento. Seja curioso sobre como você pensa a respeito de si mesmo. Carrie achou o autofoco difícil, mas, por fim, foi capaz de empregar o foco das frases *metta* em si mesma. Isso também serviu no caso da pessoa difícil. Uma pessoa difícil é aquela que associamos a conflitos, de quem sentimos medo ou raiva. Em geral, é melhor começar com uma pessoa que você ache apenas um pouco difícil – não a pessoa que mais o machucou em toda a sua vida. Escolha uma pessoa um pouco difícil – alguém que você sente que pode ser objeto de sua prática da meditação *metta*, talvez alguém que possua qualidades difíceis, mas que também tenha qualidades que você consiga apreciar. É importante praticar, gradualmente, com pessoas cada vez mais difíceis. Confie na própria sabedoria e trabalhe de um modo que lhe pareça benéfico. Carrie escolheu uma colega de trabalho que foi muito cruel ao se referir à sua orientação sexual.

Praticar a gentileza amorosa com uma pessoa difícil pode ser desafiador. Estender a gentileza amorosa a uma pessoa difícil não significa, de forma alguma, que você deva permitir ou aceitar suas ações.

À medida que for praticando a gentileza amorosa para com uma pessoa difícil, vários pensamentos e sentimentos surgirão, incluindo, possivelmente, tristeza, raiva, luto ou vergonha. Independentemente do que surgir, deixe que isso passe por você, mantendo um olhar de gentileza, sem julgamento. Se os sentimentos forem muito angustiantes, volte a praticar a gentileza amorosa para consigo mesmo ou com um amigo por mais um tempo antes de voltar para a pessoa difícil – volte quando se sentir pronto. Se a raiva ou outras emoções indigestas surgirem durante a prática da gentileza amorosa direcionada a uma pessoa difícil, você pode se perguntar: "Quem é a pessoa sofrendo com essa raiva?".

O objetivo final é estender as frases *metta* igualmente a todos os seres vivos. Contudo, a fim de deixarmos para trás nosso senso de "*self*" versus "outro" e de fato nos abrirmos a essas novas ideias, devemos antes identificar onde essas discriminações estão enraizadas, focando nelas, para lentamente destruir as barreiras que criamos. Os eventos de nossas vidas muitas vezes nos fazem manter certos preconceitos a favor ou contra determinados grupos de pessoas. Podemos ter consciência a respeito de alguns desses preconceitos, ao passo que outros sentimentos e opiniões sobre grupos de pessoas costumam rastejar à margem de nossa consciência. A prática da gentileza amorosa para com grupos de pessoas ajuda a trazer à consciência barreiras que criamos e que nos impedem de direcionar bondade às outras pessoas. Trazer à consciência tais sentimentos nos ajuda a trabalhá-los e a abrir nossos corações. Na prática da meditação *metta* direcionada a grupos de pessoas, você pode escolher um grupo com duas categorias (p. ex., pessoas que você conhece vs. pessoas que não conhece; pessoas com TAS vs. pessoas sem TAS) e trabalhar com esse grupo utilizando as mesmas quatro frases de gentileza amorosa que você escolheu. Na prática, você alternará o direcionamento das frases *metta* ora para um lado, ora para o outro lado dessa categorização.

É possível que você perceba afinidades crescendo em direção a um dos lados – essa é uma parte importante da exploração. Veja se você tem uma tendência a excluir certas pessoas da meditação *metta* e concentre-se mais genuinamente em incluí-las. Ninguém fica melhor imaginando os outros menos felizes. Pense em como você se comporta quando está cansado ou estressado... tendemos a ser um pouco mais irritadiços e não tão gentis, certo? E quanto às outras pessoas no mundo que buzinam para você no trânsito ou até mesmo que o magoaram profundamente – pense sobre o que pode as ter levado a esse lugar. Talvez elas tenham acabado de perder o emprego ou quem sabe tiveram uma infância difícil. Em geral, há razões para as pessoas serem como são, mesmo que as desconheçamos. Carrie escolheu as categorias de pessoas binárias e de pessoas não binárias.

No final, Carrie foi capaz de fazer a meditação *metta* completa dentro de 30 minutos. Sentada confortavelmente, de uma maneira relaxada, com os olhos fechados, Carrie dirigiu suas frases *metta* para um benfeitor (três minutos), para uma pessoa neutra, para uma grande amiga, para uma pessoa difícil, para o *self* e para todo um grupo de pessoas.

Nestes últimos capítulos, você aprendeu que o pensamento, a ação e o sentimento estão fortemente interconectados. A forma e o conteúdo de seus pensamentos influenciam como você se sente. Além disso, dependendo de suas expectativas em relação a uma situação, você escolherá um comportamento em vez de outro, ou escolherá evitar uma situação social porque espera um desfecho ruim. Como resultado, a ansiedade passa a controlá-lo, e sua vida vai se tornando cada vez mais limitada. O perigo parece estar em todo lugar.

A fim de se livrar das dificuldades do TAS, você precisa desafiá-lo e seguir em frente. As ferramentas de pensamento que aprendemos no Capítulo 4 permitem que você identifique e desafie as vozes interiores críticas que estão tentando convencê-lo do perigo potencial das situações sociais. A única maneira de calar essas vozes e de se libertar é criando situações que lhe permitirão testar suas previsões, como aprendemos no Capítulo 5. As pessoas de fato rirão de mim? E se rirem, o quão ruim seria isso? Elas ficarão com raiva de mim? O que elas farão? Será que vão perceber o meu erro? Você jamais saberá as respostas a não ser que tente. Enquanto escolher ficar em sua gaiola, jamais saberá quão bela é a vida lá fora. Vá em frente, veja com os próprios olhos. A porta da gaiola não está trancada. Abra-a e saia. Você vai perceber que as situações sociais *não* são perigosas. Contratempos e cenários estranhos são comuns e acontecem com todos nós. Na verdade, "mancadas" sociais tornam a vida mais leve, e as pessoas, mais agradáveis. No entanto, ainda mais importante do que ser apreciado pelos outros é que *você* goste de *si mesmo* exatamente do jeito que é – o foco deste capítulo. Após chegar a esse ponto, a ansiedade social não terá mais poder sobre você.

Aceitar-se exatamente do jeito que você é e se tornar menos crítico e mais gentil consigo mesmo não é uma tarefa fácil. A meditação *metta* pode ajudar nisso. Fazer uso dessa antiga prática budista pode ajudá-lo a melhorar seus sentimentos positivos em relação ao próprio *self* e aos outros. Pode parecer uma prática estranha, mas, se você se pegar sendo excessivamente autocrítico e crítico dos outros, experimente-a. Os Beatles nos disseram que "tudo o que você precisa é de amor" (*"all you need is love"*). No entanto, mesmo que o amor não seja tudo de que precisamos, ele certamente também não nos fará mal.

7

Diminuindo a ativação da ansiedade

Algumas vezes, a ativação da sua ansiedade em uma situação social pode ser muito intensa. Não existem ferramentas específicas para diminuir a ativação da ansiedade que você experimenta quando tem de enfrentar algumas situações sociais, sobretudo situações de desempenho social, como falar em público. As ferramentas que lhe serão ensinadas neste capítulo mostrarão como reduzir o nível elevado de ativação da ansiedade que você pode estar experimentando quando enfrenta uma ameaça social. Essas ferramentas são particularmente eficazes para abordar a percepção de baixo controle emocional que é comum às pessoas com transtorno de ansiedade social (TAS) (ver Capítulo 2, Figura 2: Manutenção do TAS). Experimentar uma diminuição na ativação da ansiedade aumentará sua percepção de controle emocional. Isso pode levá-lo ao seguinte *insight*: "Eu tenho mais controle sobre meu corpo e minha ansiedade do que pensava".

"Enfrente seu medo" é um princípio poderoso para reduzir qualquer tipo de medo irracional em qualquer tipo de situação. Contudo, isso é mais fácil de falar do que de fazer. A chave é começar a se mover e dar um passo de cada vez, trabalhando em direção à sua meta; como diz o ditado: "Toda jornada começa com o primeiro passo" (em geral, atribuído ao filósofo chinês Lao Tzu). Para facilitar, é possível decompor cada passo em passos ainda menores. Você deve se desafiar, sem se deixar desencorajar com expectativas elevadas sobre si mesmo. Sua ansiedade acabará diminuindo com o processo de habituação, depois de exposições repetidas e prolongadas a situações que geram medo, enquanto você desenvolve uma perspectiva mais adaptativa sobre as situações ameaçadoras. Isso ocorre porque você percebe que o desfecho temido não vai ocorrer e que, caso ocorra, pode enfrentá-lo. Na maioria dos casos, muitos aspectos distintos da situação induzem ansiedade. Em situações de desempenho social, as pessoas costumam relatar que as sensações corporais relacionadas à ansiedade podem facilmente desencadear mais ansiedade no futuro. Na verdade, muitas pessoas atribuem a maioria de seus problemas em situações de desempenho social aos sintomas de pânico que experienciam nessas circunstâncias. Se você é uma dessas pessoas, este conjunto de ferramentas será de particular valor para lidar com a ansiedade de desempenho – seja ao falar em público, ao compartilhar opiniões em grupo ou simplesmente ao ir a festas em que você sente que tem de desempenhar alguma tarefa/papel.

Sensações corporais intensas (como aquelas que experimentamos quando estamos em pânico) podem ser bem assustadoras, sobretudo quando acontecem em situações sociais. Um ataque de pânico é um estado de ativação fisiológica intensa. Algumas pessoas que sofrem com ataques de pânico relatam que sentem o coração acelerando ou as palmas das mãos suando – podem, inclusive, mostrar sinais reais disso. Elas também podem sentir dores no peito ou falta de ar, dormência e formigamento nos braços e nas pernas e vertigem. Esses sintomas corporais podem ser assustadores, embora sejam somente formas extremas de medo e ansiedade que não causam prejuízo real ao corpo. Eles costumam ser sentidos por pessoas que estão enfrentando situações assustadoras, incluindo tarefas de desempenho social. Eles também podem ser sentidos por pessoas sem ansiedade social, mas que temem outras situações ou objetos, como no caso do medo de avião ou de animais. Se os sintomas parecem surgir do nada, sem razão aparente, pode ser sinal de uma condição conhecida como transtorno de pânico. É claro, algumas pessoas podem ter as duas coisas, transtorno de pânico e TAS, bem como outras comorbidades.

Independentemente da natureza de seus ataques de pânico ou da intensa ativação fisiológica, as ferramentas de pensamento que você aprendeu no Capítulo 4 para combater a superestimação de probabilidades, o pensamento catastrófico e outros erros de pensamento podem ajudá-lo a perceber que esses ataques não causam dano corporal real nem trazem quaisquer outras consequências duradouras e irreversíveis. Especificamente, talvez você se preocupe que outras pessoas percebam seus sintomas de pânico e, portanto, julguem-no de forma negativa. Lembre-se, porém, de que as chances de as pessoas os perceberem (pensamento para combater a superestimação de probabilidades) são provavelmente baixas e que, mesmo se elas os notarem, a maioria não se importa muito (alternativa para combater o pensamento catastrófico). Além disso, as sensações podem ser bastante intensas e podem demandar sua atenção, aumentando a atenção autocentrada e afastando seus recursos atencionais da tarefa em questão.

Voltemos à nossa primeira aula de direção e experimentemos a ansiedade que ela evocou. Primeiro, vire a chave para ligar o motor, enquanto pisa no freio. Em seguida, olhe por sobre o ombro e confira o vidro traseiro; então, solte o pé do freio e pise suavemente no acelerador. Forte demais. Mais suavemente! Tudo isso demandou muito de seus recursos atencionais no começo. Mas, agora que está habilitado, você consegue ouvir música enquanto conversa com sua esposa no banco do carona e vê seus filhos pelo retrovisor, tentando fazê-los parar de brigar. Tudo isso ao mesmo tempo em que dirige em uma estrada movimentada e de olho nos possíveis radares de velocidade. Quanta diferença! O simples ato de fazer uma mesma coisa várias vezes libera recursos atencionais ao formar hábitos e transformar uma nova sequência de comportamentos em um grupo de ações automáticas. A consequência óbvia dessa formação de hábito é que o medo de dirigir um veículo motorizado desaparece por completo. Isso também serve para as tarefas de desempenho social: quanto mais frequentemente as realiza, mais fáceis e habituais elas se tornam – e menos ansiedade você sentirá. Se você foi reprovado algumas vezes na prova prática da autoescola porque a ansiedade impediu um desempenho satisfatório, provavelmente deveria ter escutado seu amigo que lhe disse para relaxar e ficar calmo. Mais uma vez, isso também se aplica a tarefas de desempenho social. Se sua ansiedade é intensa demais para lidar com a tarefa, então tente "baixar a temperatura", praticando algumas habilidades básicas de relaxamento.

Em essência, existem duas estratégias principais para lidar com a ativação fisiológica intensa em seu corpo, como ocorre nos sintomas de pânico. Antes de enfrentar a situação causadora de pânico, você pode se expor repetidamente a sensações a fim de se habituar a elas, diminuindo a chance de elas o incomodarem quando estiver na situação social. Essa técnica recebe o nome de *exercícios de habituação interoceptiva*. Uma alternativa é utilizar técnicas de redução de ativação da ansiedade, como exercícios de relaxamento. Começaremos pela primeira estratégia.

EXERCÍCIOS DE HABITUAÇÃO INTEROCEPTIVA

Esses exercícios têm por objetivo permitir que você enfrente repetidamente sensações de ativação desconfortáveis antes de encarar a situação social temida. Permita-me ilustrar o que digo. Por favor, deixe o livro de lado por um minuto, levante-se e respire pela boca, com força, inspirando e expirando muito rápido (cerca de um ciclo "inspira-expira" por segundo). Faça isso por aproximadamente um minuto. Como está se sentindo agora? Em geral, as pessoas se sentem tontas, talvez fiquem com a boca seca, sintam o coração acelerado ou as palmas das mãos suadas. Isso lhe soa familiar? Bom, essas são algumas das mesmíssimas experiências corporais que temos quando experimentamos medo intenso ou pânico. Por essa razão, talvez você também tenha se sentido desconfortável ou até mesmo ansioso. Isso porque esse exercício aciona o mesmo sistema fisiológico que fica ativado durante estados de medo intenso. Levando em consideração que você provocou tudo isso ao respirar intensamente, é provável que sua resposta de medo não tenha sido tão intensa quanto seria se você tivesse experienciado essas sensações durante uma tarefa envolvendo desempenho social.

À medida que lê estas linhas, seus sintomas provavelmente já desapareceram. Isso também serve para as sensações fisiológicas experienciadas durante os medos sociais. Por fim, suas sensações físicas se enfraquecem e perdem a capacidade de desencadear ou aumentar a ansiedade na situação de desempenho social. No início, pode demorar algum tempo até sua ansiedade diminuir. Depende da situação específica, de sua história e de muitos outros fatores. Contudo, garanto a você que, no final, sua ansiedade diminuirá.

A respiração é instrumental para isso. Nosso singelo exercício demonstra que a respiração tem efeito direto sobre sua ansiedade: respirar muito pode causar ansiedade; desacelerar a respiração pode acalmá-lo quando você está ansioso. É claro, a respiração sozinha não vai curar sua ansiedade. Mas ela vai ajudar. Uma razão para isso é o fato de a respiração estar diretamente associada a um ramo em particular do sistema nervoso autônomo, o sistema nervoso parassimpático, e ao seu principal nervo, o nervo vago. A ativação do nervo vago traz muitos benefícios à saúde, indo desde a diminuição da pressão arterial e da frequência cardíaca até a diminuição da depressão e da ansiedade. Sabemos que a respiração lenta ativa o nervo vago e que as pessoas com problemas de ansiedade não raro demonstram inflexibilidade ou baixa ativação do nervo vago. Portanto, a forma como respiramos tem um efeito significativo em nosso corpo (especialmente, no coração) e em nossa sensação de ansiedade.

Talvez você fique surpreso com o fato de a respiração ser tão importante para a ansiedade, e isso ocorre porque raras vezes damos atenção a ela.

Ainda assim, a respiração é algo que podemos controlar facilmente. A frequência normal da respiração é de cerca de 10 a 15 respirações por minuto. Quando respiramos, introduzimos em nosso corpo oxigênio do ar e expelimos dióxido de carbono (nosso metabolismo transforma oxigênio e açúcar em dióxido de carbono e energia). Quando fazemos uma atividade física vigorosa, como exercício aeróbico, respiramos mais rápida e profundamente porque nosso corpo demanda mais oxigênio à medida que o metabolismo aumenta. Ao contrário de muitas outras funções corporais, a respiração está sob nosso controle voluntário. Se respirarmos mais rápida e profundamente sem realizarmos uma atividade física vigorosa, aumentamos o oxigênio no sangue (e diminuímos o nível de dióxido de carbono) para além das necessidades de nosso corpo. Isso também é conhecido como "hiperventilação". Se a quantidade extra de oxigênio não for utilizada na frequência em que foi inspirada, experimentamos várias alterações características: tontura, boca seca, formigamento nos braços e nas mãos e "vermelhidão".

O que aconteceria se você experimentasse os mesmos sintomas em uma situação de desempenho social real (p. ex., ao falar em público)? Imagine que você tenha hiperventilado voluntariamente logo antes de subir no palco, pronto para falar diante das pessoas. Imagine sentir os mesmos sintomas que teve durante nosso exercício de hiperventilação. Como você sabe, esses sintomas já são bastante desconfortáveis por si sós – então, imagine como seriam ainda piores durante uma situação de ameaça social, ao subir no palco. Algumas pessoas, especialmente aquelas que se sentem incomodadas por tais sensações corporais, podem interpretar isso como ansiedade extrema ou pânico. Na verdade, respirar muito rápido, de modo profundo, pode causar sensações físicas que podem aumentar ainda mais sua ansiedade na situação social. Você não precisa se preocupar com a possibilidade de desmaiar enquanto hiperventila. Você pode se sentir bastante tonto e como se estivesse prestes a desmaiar, mas é quase impossível desmaiar devido à hiperventilação. Então, como um exercício de habituação interoceptiva, você pode tentar hiperventilar algumas vezes, a fim de experimentar as sensações desconfortáveis. Você pode combinar isso com exposições imaginárias, nas quais imagina a si mesmo enfrentando uma situação ameaçadora.

Além da hiperventilação, existem várias outras sensações corporais que algumas pessoas consideram indutoras de medo quando combinadas com uma prática de exposição imaginária. Eis uma lista de alguns exercícios rápidos e fáceis que induzem diferentes sensações corporais:

Exercício	Sintomas/experiência
Hiperventilar	*Falta de ar, tontura*
Balançar a cabeça	*Tontura*
Correr sem sair do lugar	*Coração acelerado*
Prender a respiração	*Aperto no peito*
Tensionar o corpo	*Tremores*
Girar	*Tontura*
Olhar para um espelho	*Sentimento de irrealidade*

Como esperado, a hiperventilação causa as sensações mais intensas. No entanto, outros exercícios também podem ser utilizados, pois eles induzem diferentes sensações que podem ser mais ansiogênicas para você do que as fortes sensações que acompanham a hiperventilação.

Se você tem uma condição médica grave que limita as atividades físicas que pode praticar com segurança (p. ex., problema cardíaco ou epilepsia), por favor, consulte um médico antes de fazer esses exercícios. Se frequenta uma academia regularmente ou sai para correr, é provável que você não precise se preocupar com nenhum desses exercícios. Contudo, é melhor prevenir do que remediar.

As pessoas são diferentes e, como já discutimos, algumas são mais preocupadas com suas sensações corporais durante situações de desempenho social do que outras, de modo que determinadas sensações são desconfortáveis para uns, mas não para outros. Grande parte do seu sucesso dependerá, pois, de sua habilidade de ser criativo e modificar as técnicas de modo a se encaixarem em suas necessidades pessoais. Você pode se perguntar como isso se relaciona à ansiedade social. Bom, nenhum desses exercícios aborda especificamente a ansiedade social. Pelo contrário, esses exercícios induzem sintomas que algumas pessoas com ansiedade social consideram extremamente desagradáveis, em geral porque ocorrem quando elas se sentem apavoradas em situações sociais. À medida que estiver fazendo esses exercícios e sentindo algumas dessas sensações desagradáveis, semelhantes às que tem em situações sociais, você deve concentrar-se nessas sensações.

A Tabela 6 mostra a experiência de Joseph com esses exercícios, que foi acompanhada por uma exposição imaginária a uma situação ansiogênica

TABELA 6 Exercícios indutores de medo de Joseph

Exercício	Sintomas/experiência	Intensidade dos sintomas (0-8)	Intensidade da ansiedade (0-8)
Hiperventilar	Falta de ar, tontura	6	6
Balançar a cabeça	Tontura	3	2
Correr sem sair do lugar	Coração acelerado	5	4
Prender a respiração	Aperto no peito	1	0
Tensionar o corpo	Tremores	6	4
Girar	Tontura	4	2
Olhar para um espelho	Sentimento de irrealidade	1	0

de desempenho social. Como você pode ver, ele avaliou a intensidade tanto de seus sintomas quanto de sua ansiedade durante a realização de cada exercício.

Para Joseph, hiperventilar, tensionar o corpo e correr sem sair do lugar geraram os graus mais elevados de ansiedade em conjunção com o roteiro de exposição imaginária. Ele precisaria realizar esses exercícios repetidamente para se dessensibilizar dessas manifestações físicas de sua ansiedade e diminuir seu medo dos sintomas. Ele começou tensionando o corpo. Joseph fez esse exercício diariamente, cinco vezes seguidas, até a ansiedade diminuir mais rápido, chegando a um grau leve (2). Ele fez, então, os mesmos exercícios enquanto imaginava uma situação ameaçadora de desempenho social. Ele o realizou várias vezes até a ansiedade diminuir a um grau leve. Então, ele continuou com o "correr sem sair do lugar" e, em seguida, com a hiperventilação, tudo isso enquanto imaginava a situação de desempenho social. Ele deixou a hiperventilação por último porque, inicialmente, ela havia gerado a ansiedade mais intensa de todas. Em cada caso, a ansiedade diminuiu após alguns dias de prática repetida. Apenas a ansiedade durante a hiperventilação, acompanhada da imaginação da cena temida, demorou um pouco mais para diminuir. A Tabela 7 apresenta o exercício de hiperventilação de Joseph em três dias consecutivos. Como se pode ver, a hiperventilação desencadeou sintomas corporais intensos todas as vezes em que ele fez isso. (A menos que modifique a tarefa de uma tentativa para outra, você deve esperar a mesma intensidade de sensações corporais.) Contudo, a resposta emocional a essas sensações (i.e., a intensidade da ansiedade) foi diminuindo gradualmente de uma tentativa para outra.

Nesse ponto, Joseph pode realizar esses exercícios enquanto imagina uma situação social ameaçadora. Ele pode começar por uma situação levemente ameaçadora primeiro (como conhecer pessoas novas) e, então, seguir em direção a situações mais ameaçadoras, como falar em público. De forma gradual, esses sintomas corporais perderão a força sobre ele e desencadearão pouca ou nenhuma ansiedade. Assim, ele também será capaz de enfrentar situações sociais reais com menos oscilação, e a atenção dele não será desviada da situação para suas sensações e sua ansiedade. Mais uma vez, isso

TABELA 7 Tentativas de exposições repetidas a sensações temidas por Joseph

Data/hora	Exercício	Tentativas práticas	Intensidade dos sintomas (0–8)	Intensidade da ansiedade (0–8)
26/08/2022 18h00	Hiperventilar	1	6	5
		2	6	5
		3	7	4
		4	6	3
		5	7	3
27/08/2022 17h00		1	5	4
		2	5	3
		3	5	3
		4	5	2
28/08/2022 18h00		1	6	3
		2	6	2
		3	6	2

não funcionará para todos, mas pode funcionar para você. Portanto, tente. (Você encontra cópias em branco das Tabelas 6 e 7 na página do livro em loja.grupoa.com.br.)

EXERCÍCIO DE RELAXAMENTO

Incluir exercícios de relaxamento no arsenal de técnicas para lutar contra a ansiedade de desempenho pode parecer estranho com base no que vimos até aqui. Será que as técnicas de relaxamento também não seriam exemplos de estratégias para evitar o enfrentamento do medo? Será que tais técnicas não também nos levariam a um ciclo de evitação que pode ser difícil de se quebrar? Será que o objetivo não seria aceitar a ansiedade, em vez de suprimi-la ou diminuí-la artificialmente? A resposta é "sim, mas...". Há exceções. Em algumas ocasiões, a ansiedade antecipatória pode ser tão intensa e avassaladora que parecerá impossível enfrentar, de fato, a situação. Caso saiba quais sensações o fazem se sentir muito desconfortável em situações sociais, realize as práticas que discutimos para se dessensibilizar. Mas se, apesar de todos os seus esforços, as sensações o atropelarem e o consumirem, ainda existe algo a fazer. Uma técnica de relaxamento útil, fácil, bem embasada e eficaz é o relaxamento muscular progressivo (PMR, do inglês *progressive muscle relaxation*), desenvolvida na década de 1960. Esse exercício consiste em tensionar os músculos de cada grande grupo muscular e, em seguida, liberar a tensão e relaxar. Esse processo de dois passos permite que se alcance o nível mais profundo de relaxamento muscular. Primeiro, você aplica *tensão* sobre os músculos por um breve período. Na sequência, você *relaxa* esse grupo muscular por um período um pouco mais longo. O objetivo geral do PMR é aprender a relaxar o corpo todo de uma vez só, mas, primeiramente, darei instruções para um passo de cada vez.

Antes de mergulharmos no PMR, é importante fazer a distinção entre dois tipos de tensão aplicada. O primeiro tipo é conhecido como *tensionamento ativo*. Esse tipo de tensão ocorre quando você propositalmente tenta tensionar um grupo muscular específico o máximo que puder sem se machucar. O PMR muitas vezes tem início com a utilização do tensionamento ativo de grupos musculares isolados. Depois de praticar, você pode usá-lo em vários grupos musculares ao mesmo tempo e, por fim, no corpo inteiro. Em geral, o tensionamento ativo é o tipo padrão de tensão que você utiliza enquanto pratica o PMR. O segundo tipo de tensão é o *tensionamento passivo*. Ao contrário do tensionamento ativo, o tensionamento passivo consiste em simplesmente notar quaisquer tensões já existentes em um grupo muscular específico. Isto é, você não está tentando aplicar tensão propositalmente. Embora o tensionamento ativo em geral seja preferido pelo fato de gerar mais relaxamento, há circunstâncias em que se pode considerar o tensionamento passivo. Particularmente, o tensionamento passivo é recomendado para músculos ou regiões de seu corpo que já sofreram lesões ou que estão doendo. É importante não provocar lesões adicionais a qualquer parte de seu corpo, o que faz do tensionamento passivo uma alternativa valiosa. Com o tensionamento passivo, você percebe a tensão presente em uma área muscular e, então, concentra maiores esforços nela durante a fase de relaxamento.

Para esse exercício, você precisa utilizar um comando, ou seja, alguma palavra ou mantra que invoque a ideia de relaxamento profundo (p. ex., "relaxe"). Isso pode incluir conceitos como peso, sonolência ou calma. A fase de relaxamento será sempre mais longa do que a fase de tensão. Em geral, você deve tensionar os músculos por um período relativamente curto e, então, usar um período maior para entrar em um estado de relaxamento profundo. Não ceda à tentação de passar muito rápido pela fase de relaxamento apenas para continuar até o próximo grupo muscular! Você estaria deixando de aproveitar os maiores benefícios do PMR. É importante ter paciência quando se trata desse exercício. Caso passe muito rapidamente de um grupo muscular para outro, você pode acabar se sentindo mais estressado! Então, por favor, não se apresse e se permita experimentar o relaxamento profundo. Sem pressa!

Descreverei aqui o PMR de 12 grupos musculares. (Você também pode encontrar esse exercício na página do livro em loja.grupoa.com.br.) A ideia é praticá-lo diversas vezes, primeiramente em situações tranquilas e sem estresse. Depois de aprendê-lo e quando se sentir confortável, você pode reduzi-lo a apenas oito grupos musculares (ao combinar alguns dos grupos musculares), então a quatro, depois, dois. Por fim, sua meta será relaxar muito rapidamente com apenas um passo quando tiver de enfrentar uma situação estressante, a fim de reduzir seu nível de ativação. Para praticar o PMR, escolha um lugar tranquilo onde haja uma cadeira ou cama confortável. Enquanto estiver se posicionando, por gentileza, sente-se com a coluna ereta e certifique-se de ter espaço suficiente à sua frente para poder mover braços e pernas. Inicialmente, você deve escolher um local que não o distraia. Use roupas largas e retire os óculos ou lentes de contato. A prática levará cerca de 20 a 30 minutos, então reserve um tempo para isso durante o dia.

Resgate seu comando e diga-o de si para si enquanto pratica o exercício. Para os propósitos do presente exercício, utilizarei a palavra "relaxe", mas você pode usar qualquer comando que lhe for conveniente. Lembre-se de não aplicar tensão ativa em grupos musculares ou áreas do corpo que estejam lesionados. Caso haja algum músculo lesionado, deixe-o de fora ou use a tensão passiva para ele. Eis os passos:

1. Feche os olhos e relaxe. Respire fundo algumas vezes, focando em expandir seu abdome, enquanto permanece sentado em silêncio.
2. Tensione os músculos do antebraço, fechando bem forte os punhos, e levante-os até quase tocar os ombros.
   a. Foque na tensão (10 segundos).
   b. Agora, libere a tensão nos antebraços e nas mãos. Relaxe os braços, com as palmas das mãos viradas para baixo. Relaxe os músculos e concentre a atenção na sensação de relaxamento (50 segundos).
   c. Continue respirando profundamente e pense na palavra "relaxe" a cada expiração.
3. Tensione os braços, inclinando-se para a frente, puxando-os para trás e em direção à lateral do corpo, tentando tocar os cotovelos atrás das costas.
   a. Foque na tensão (10 segundos).
   b. Agora, libere os braços e relaxe (50 segundos), deixando toda a tensão desaparecer. Sinta a diferença entre a tensão e o relaxamento.
   c. Enquanto permanece sentado tranquilamente, diga a palavra "relaxe".
4. Tensione a panturrilha, flexionando os pés e os dedos para cima, como se fossem tocar seu joelho.
   a. Sinta a tensão nos pés, nos tornozelos, nas canelas e nas panturrilhas. Foque na tensão (10 segundos).
   b. Agora, libere a tensão e sinta a diferença entre a tensão e o relaxamento (50 segundos).
   c. Pense na palavra "relaxe" enquanto permanece sentado em silêncio e respirando profundamente.
5. Tensione as coxas, unindo-as e levantando-as da cadeira.
   a. Foque na tensão nas coxas (10 segundos).
   b. Agora, libere a tensão nas coxas e sinta a diferença entre a tensão e o relaxamento. Foque na sensação de relaxamento (50 segundos).
   c. Pense na palavra "relaxe" enquanto permanece sentado em silêncio e respirando profundamente.
6. Tensione o abdome, contraindo-o com força em direção à coluna.
   a. Sinta a tensão e a contração; foque nessa parte do corpo (10 segundos).
   b. Agora, deixe a tensão sobre o abdome passar, deixando-o voltar à sua posição natural. Observe a sensação confortável de relaxamento (50 segundos).
   c. Enquanto permanece sentado em silêncio, pense na palavra "relaxe" a cada expiração.

7. Tensione a musculatura ao redor do peitoral, respirando profundamente e segurando a respiração.
   a. Sinta a tensão no tórax e nas costas. Prenda a respiração (10 segundos).
   b. Agora, relaxe e deixe que o ar saia lentamente (50 segundos), sentindo a diferença entre a tensão e o relaxamento.
   c. Enquanto permanece sentado em silêncio, continue respirando profundamente e pense na palavra "relaxe".
8. Tensione os ombros, erguendo-os em direção às orelhas.
   a. Foque na tensão nos ombros e no pescoço (10 segundos).
   b. Agora, solte os ombros; deixe-os soltos e relaxe. Concentre-se na sensação de relaxamento (50 segundos).
   c. Enquanto permanece sentado em silêncio, pense na palavra "relaxe".
9. Tensione a musculatura ao redor do pescoço, inclinando o queixo para baixo e tentando pressionar a nuca contra a cadeira ou em direção à parede atrás de você.
   a. Foque na tensão na nuca (10 segundos).
   b. Agora, libere a tensão e concentre-se no relaxamento, sentindo a diferença entre a tensão e o relaxamento (50 segundos).
   c. Enquanto permanece sentado em silêncio, pense na palavra "relaxe" a cada expiração profunda.
10. Tensione a musculatura ao redor da boca e da mandíbula, cerrando os dentes e puxando os cantos da boca para trás.
    a. Sinta a tensão na boca e na mandíbula (10 segundos).
    b. Agora, libere a tensão, deixando a boca abrir e concentrando-se na diferença entre a tensão e o relaxamento (50 segundos).
    c. Enquanto permanece sentado em silêncio, pense na palavra "relaxe".
11. Tensione a musculatura ao redor dos olhos, fechando-os com força (3 segundos).
    a. Sinta a tensão ao redor dos olhos (10 segundos).
    b. Agora, libere a tensão dos olhos e sinta a diferença entre a tensão e o relaxamento (50 segundos).
    c. Enquanto permanece sentado em silêncio, continue fazendo respirações abdominais profundas e pense na palavra "relaxe".
12. Tensione toda a sua testa, puxando as sobrancelhas para baixo em direção ao centro do rosto e franzindo a testa.
    a. Foque na tensão em sua testa (10 segundos).
    b. Agora, relaxe a testa e sinta a diferença entre a tensão e o relaxamento (50 segundos).
    c. Pense na palavra "relaxe" a cada expiração.

13. Agora, tensione a testa novamente, levantando as sobrancelhas em direção ao topo da cabeça.
    a. Foque na sensação de puxar e tensione toda a sua testa (10 segundos).
    b. Agora, relaxe as sobrancelhas e foque na diferença entre a tensão e o relaxamento (50 segundos).
    c. Enquanto permanece sentado em silêncio, pense na palavra "relaxe".
14. Você está totalmente relaxado. Continue sentado em silêncio com os olhos fechados e faça respirações profundas, focando em sua barriga. Conte de 1 até 5, ficando cada vez mais relaxado.
    a. Um, deixe que toda a tensão vá embora de seu corpo.
    b. Dois, sinta-se cada vez mais relaxado.
    c. Três, você está se sentindo mais e mais relaxado.
    d. Quatro, você está se sentindo bem relaxado.
    e. Cinco, você está se sentindo completamente relaxado.
    f. Enquanto você está nesse estado de relaxamento, foque em todos os músculos completamente confortáveis e livres de estresse.
    g. Enquanto permanecer sentado nesse estado, respirando profundamente, pense na palavra "relaxe" a cada expiração profunda (2 minutos).
15. Agora, foque em contar em ordem decrescente, de 5 a 1, e na sensação crescente de alerta.
    a. Cinco, você está se sentindo mais alerta.
    b. Quatro, você está saindo do estado de relaxamento.
    c. Três, você está se sentindo mais acordado.
    d. Dois, você está abrindo os olhos.
    e. Um, você está de pé e se sentindo completamente desperto e alerta.

Eu poderia ter discutido várias técnicas de relaxamento distintas. Treinamento autógeno, respiração diafragmática e visualização são apenas algumas das técnicas que você pode usar como alternativas. Alguns exercícios demandam certo tempo até serem aprendidos e exigem paciência em sua prática (como no treinamento autógeno). O PMR é relativamente fácil, e você pode aplicá-lo rapidamente em uma situação estressante. Além disso, como um bônus, você pode até mesmo aumentar sua expectativa de vida em alguns anos reduzindo seus níveis gerais de estresse. Contudo, certifique-se de que não vai utilizá-lo como uma estratégia de evitação. Utilize-o apenas nas situações em que sentir que sua ativação está elevada demais para ser enfrentada de uma maneira adaptativa. Considere o PMR, ou outras técnicas de relaxamento, como uma válvula de segurança que é acionada quando a temperatura sobe demais, para liberar um pouco de fumaça e reduzir um pouco a temperatura. Nem todo mundo precisa fazer uso dessas técnicas. Utilize-as apenas quando a ativação da sua ansiedade estiver muito intensa, a ponto de atrapalhá-lo na aplicação de outras estratégias, como as ferramentas de pensamento descritas anteriormente. Teste-as e atenha-se às ferramentas que funcionam melhor para você. Nenhum mecânico pode consertar um carro usando apenas uma chave de fenda. É necessário um conjunto de ferramentas. O "tamanho único" pode funcionar com meias, mas não com as ferramentas para lidar com o TAS.

8

Melhorando suas habilidades sociais

Embora muitas pessoas com transtorno de ansiedade social (TAS) acreditem que suas habilidades sociais sejam deficitárias, a vasta maioria delas tem habilidades sociais adequadas. Contudo, um pequeno grupo de pessoas com TAS de fato manifesta problemas claros com habilidades sociais que comumente são de fácil correção. Algumas pessoas evitam contato visual, falam baixo ou apresentam comportamentos estereotipados, vícios de linguagem ou gestos capazes de causar distração. Outros podem até mesmo confundir assertividade com agressividade. Se você é uma dessas pessoas, melhorar suas habilidades sociais pode ajudar a corrigir tais distrações e problemas. O desempenho social, seja do tipo que for, demanda algumas habilidades sociais, e a ansiedade pode afetá-las negativamente, podendo, então, causar uma ansiedade ainda mais intensa. O objetivo deste capítulo não é fazer de você alguém com habilidades sociais irretocáveis. Em vez disso, as ferramentas apresentadas aqui procuram corrigir alguns déficits facilmente reparáveis em habilidades sociais que podem atrapalhar seus encontros sociais.

Na década de 1990, Samuel Turner (já falecido), sua colaboradora próxima Deborah Beidel e seus colegas desenvolveram e testaram um tratamento para ansiedade social chamado de terapia de eficácia social (Turner et al., 1994). Esse tratamento, que incluiu treinamentos de habilidades sociais nos contextos da terapia de exposição e da terapia cognitivo-comportamental (TCC), mostrou-se bastante eficaz para tratar o TAS. Com base nas evidências, contudo, parece que as melhoras ocorreram principalmente em razão das técnicas de exposição, e não em virtude da aprendizagem de novas habilidades sociais. Apesar de ter habilidades sociais satisfatórias ou adequadas, a maioria das pessoas com ansiedade social – talvez você seja uma delas – *acredita* que suas habilidades sociais são muito ruins. Portanto, elas sentem-se inadequadas e deslocadas em certas situações sociais. Na verdade, a ansiedade social e as habilidades sociais não estão, de forma alguma, intimamente ligadas, e já vi muitas pessoas não ansiosas que acreditam que suas habilidades sociais são muito boas, mesmo não sendo. Além disso, corrigir alguns problemas que você possa ter em habilidades sociais muito específicas e facilmente modificáveis, como evitar contato visual ou falar muito baixo, pode ser uma ferramenta bastante útil em nosso conjunto de ferramentas para lidar com o TAS.

SENSIBILIDADE AO CONTEXTO E FLEXIBILIDADE

Talvez a habilidade social mais importante seja a habilidade de ajustar, com flexibilidade, seu comportamento a um dado contexto e às demandas variáveis de certa situação. Por tal razão, não existe habilidade que esteja sempre correta independentemente do contexto. Sempre depende. O contexto determina o que é apropriado e o que é inapropriado. Gritar é inapropriado na maioria dos cenários. Mas, às vezes, gritar é apropriado, como durante uma partida de futebol. Simplesmente depende. Aprendemos essas regras por meio de nossa cultura e socialização, e podemos adotar novas regras ou modificar regras antigas (inclusive, com bastante facilidade) à medida que temos contato com diferentes culturas ou cenários. Isso significa que toda habilidade que considerarmos aqui sempre é contexto-específica. Falar baixo e olhar fixamente nos olhos de alguém parece inapropriado, mas estes podem ser comportamentos apropriados quando se está confortando e consolando um amigo durante momentos de luto e tristeza.

Um exemplo concreto de insensibilidade e inflexibilidade ao contexto ocorreu durante um de nossos experimentos em Stanford. Para esse estudo em particular, meus alunos e eu recrutamos pessoas que sentiam pouca ansiedade ao falar em público (o que não é muito comum). Um dos participantes era um empresário bem-sucedido e muito amigável que havia se mudado de um país (cuja língua oficial não era o inglês) para os Estados Unidos apenas alguns meses antes do experimento. Sendo eu uma pessoa cuja língua nativa não é o inglês, tenho a maior das simpatias por pessoas que têm dificuldades com a língua inglesa. No entanto, esse cavalheiro em particular já havia ultrapassado o limiar das "simples dificuldades". Quando pedi a ele que fizesse um discurso de 10 minutos sobre determinado tópico, meus colaboradores e eu não fomos capazes de compreender uma só palavra do que ele estava dizendo. Na verdade, de início, pensamos que ele estava falando em outra língua. Entretanto, depois de termos escutado novamente, com cuidado, suas gravações, fomos de fato capazes de distinguir algumas palavras e frases em inglês. Surpreendentemente, esse cavalheiro não relatou desconforto algum nem demonstrou sinais corporais de ansiedade, como aqueles medidos com equipamentos psicofisiológicos sofisticados. Na verdade, ficou claro que ele havia se divertido bastante durante o experimento.

O que torna essa história tão interessante? O empresário pareceu completamente insensível ao contexto em questão. Ele ficou imperturbável diante do fato de seu inglês ser inadequado para a tarefa e o contexto (i.e., para fazer um discurso em inglês). Além do mais, ele pareceu carecer de *insights* inclusive sobre problemas na própria língua e não considerou a perspectiva dos outros (i.e., nós, que estávamos tentando compreender o que ele estava dizendo). Em outras palavras, ele carecia de sensibilidade ao contexto e exibia inflexibilidade em sua abordagem à tarefa.

HABILIDADES INTERACIONAIS

Habilidades interacionais podem ser formais ou informais. Habilidades interacionais formais são aquelas regras específicas que você precisa seguir quando, por exemplo, for apresentar uma pessoa à outra ("Oi, Peter, gostaria de apresentá-lo ao Paul") ou convidar alguém para sair ("Vamos sair um dia desses?"). Tais regras são fortemente influenciadas pelo contexto, como a cultura, o cenário e a tradição. Tendo sido criado na Alemanha, a princípio, achei bastante desafiador aprender as regras implícitas da arte do namoro. Minha geração na Alemanha tinha poucas regras de namoro – se é que havia alguma. O primeiro beijo poderia acontecer a qualquer hora – durante o primeiro encontro em uma festa ou depois de meses de amizade. Não importava se fosse durante um almoço, um jantar ou um café. Contudo, tive uma experiência diferente quando me mudei para os Estados Unidos. Para começo de conversa, nem sequer existe uma tradução direta para o alemão da frase "Você gostaria de sair comigo um dia desses?". Convidar alguém para jantar é mais sério do que convidar alguém para almoçar, que, por sua vez, é mais sério do que convidar alguém para tomar um café. Mal sabia eu. Enquanto eu aprendia e violava algumas regras não escritas, meus amigos gentilmente tentavam me explicar meus deslizes sociais evidentes. Mesmo assim, caí em algumas armadilhas de namoro (parece um bom título para outro livro!). Aprendi com o tempo que sair para jantar é mais do que ingerir calorias acompanhado, que o número de vezes que você janta acompanhado é importante, que ligar para alguém logo depois de um encontro não é ideal, que o terceiro jantar tende a ser mais íntimo do que o segundo e que dizer "eu ligo para você" e então não ligar geralmente significa que os encontros terminaram. Caso esteja acostumado à cultura dos Estados Unidos, você sabe do que estou falando. Contudo, se está vindo de outra cultura, pode ser que não compreenda alguns dos problemas que mencionei.

A seguir, falarei de alguns aspectos-chave das habilidades interacionais positivas.

Gentileza e empatia

A maioria de nós gosta de pessoas gentis e tenta ficar longe daquelas que são rudes. Mesmo assim, pessoas rudes podem ser bem-sucedidas, dependendo de nossa definição de "sucesso". Eu poderia citar muitos políticos e ditadores que são rudes e bem-sucedidos porque alcançaram o que queriam em termos de fortuna, poder e domínio. No entanto, se você definir "sucesso" como a capacidade de ser apreciado pelos outros, pessoas rudes não constarão na restrita lista das pessoas mais apreciadas.

Listar as características de uma pessoa rude não é difícil: ela é egoísta, agressiva e viola o espaço pessoal dos outros. Mais difícil é o conceito de gentileza. Se todos soubéssemos o que ela é, o mundo seria melhor. A gentileza se encontra relacionada à empatia, à congruência e à aceitação incondicional. São esses os três pilares da terapia centrada no cliente de Carl Rogers, que é o fundamento da terapia humanista (Rogers, 1951). Esse se tornou um contexto terapêutico essencial para praticamente todas as terapias de fala, e esses três pilares são também as características essenciais de qualquer relacionamento interpessoal próximo.

A empatia é a habilidade de compreender e experimentar os sentimentos dos outros. A congruência significa ser autêntico e sincero. A aceitação positiva incondicional significa aceitar e apoiar a outra pessoa, independentemente do que ela está dizendo ou fazendo. Essas três qualidades criam um ambiente seguro e livre de julgamento para que os relacionamentos possam prosperar. Qualquer interação interpessoal pode ser aperfeiçoada rapidamente se você demonstrar empatia, congruência e aceitação positiva incondicional em relação à outra pessoa.

Humor, reciprocidade, contato visual e gestos

A maioria de nós tende a gostar das pessoas que fazem com que nos sintamos bem. O humor, seja intencional ou não, é um agente poderoso para reduzir o estresse e melhorar a qualidade de uma interação. Derramar um copo d'água na mesa do jantar pode ser constrangedor, mas também pode criar espaço para o humor, especialmente se ele for do tipo autodepreciativo. Contudo, tenha cuidado ao fazer piada dos outros. Você é julgado como uma pessoa mais agradável quando é capaz de rir de si mesmo, e não dos outros. Como é o caso de todas essas habilidades, costuma haver diferenças culturais. Vale ressaltar que a palavra *schadenfreude* – que significa se divertir com os problemas dos outros – parece ser peculiar à língua alemã.

A interação social é uma via de mão dupla. Ela não deve ser uma via de mão única. Isso também é chamado de *reciprocidade social*, que significa que, em um cenário ideal, ambas as pessoas têm um tempo semelhante de fala. Se uma pessoa tem uma história a contar, o contador de histórias obviamente irá gastar mais tempo falando do que o ouvinte. Contudo, se essa pessoa tem muitas histórias para contar, o relacionamento se torna uma via de mão única, sendo, em geral, menos apreciado por quem escuta do que por quem fala. Por outro lado, fazer perguntas sinaliza interesse e ajuda a "quebrar o gelo" nas conversas. Isso também permite que a conversa se aprofunde e se torne mais significativa. Entretanto, fazer perguntas demais e até mesmo bombardear a pessoa com perguntas aparentemente sem nexo pode ser exaustivo para a outra pessoa. Não há problema algum em ficar em silêncio por algum tempo.

Já discutimos em capítulos anteriores a importância do contato visual nas interações sociais. Uma olhadela pode indicar aprovação, atração, desacordo, raiva, desaprovação, e assim por diante. Olhar nos olhos da pessoa amada é bem diferente de encarar um inimigo. Olhamos nos olhos de outra pessoa a fim de ler suas emoções. Evitar contato visual pode ser um sinal de submissão ou desinteresse, ao passo que manter contato visual prolongado e intenso pode parecer ameaçador. Portanto, o contato visual é altamente contexto-específico, e sua duração e intensidade precisam ser adequadas à situação. Além disso, seus gestos e sua postura corporal devem, de algum modo, ser compatíveis com seu comportamento verbal; por exemplo, você não vai querer parecer feliz enquanto estiver falando sobre algo triste, e vice-versa. O ideal é que a gesticulação e a postura corporal enfatizem o que você está dizendo verbalmente. Evite comportamentos estereotipados ou que causem distração, como movimentar a cabeça ritmadamente, balançar o corpo, contorcer-se ou cruzar e descruzar frequentemente as pernas.

Ser assertivo quando convém costuma ser apreciado, mas é importante evitar manifestações extremas de dominância, como encarar os outros, falar alto demais ou interromper a outra pessoa. Isso costuma parecer hostil e agressivo e, raramente, adaptativo e bem-sucedido. Da mesma forma, evite manifestações extremas de submissão, como esquivar-se do olhar das pessoas ou se desculpar em excesso, o que costuma ser um comportamento de segurança que, além de ineficaz, também é bastante irritante para a maioria das pessoas. Então, se você se pegar dizendo "Desculpe" demais, tente se certificar de que a desculpa realmente faz sentido antes de pedi-la.

HABILIDADES DE DESEMPENHO SOCIAL

A quinta edição do *Manual diagnóstico e estatístico de transtornos mentais* (DSM-5) introduziu um novo subtipo de TAS, chamado de "subtipo de desempenho". A razão para isso foi capturar parte da heterogeneidade do diagnóstico de TAS. Algumas pessoas temem e/ou evitam uma gama de situações sociais distintas, ao passo que outras temem e/ou evitam principalmente situações de desempenho social. A situação de desempenho social mais comum é falar em público, então discutiremos, aqui, algumas habilidades para ajudar nessa área.

O aspecto mais importante de um desempenho – seja um recital de violino, uma apresentação de dança ou uma palestra – é sua qualidade. Uma boa palestra, por exemplo, prende o interesse do público, toca as pessoas e estimula o pensamento delas. Toda palestra deve ter começo, meio e fim. No começo, um bom palestrante pode dizer algo a fim de chamar a atenção da plateia (p. ex., contar uma piada, usar uma frase de efeito) e dizer a ela qual será o tema de sua fala. No meio, é claro, um bom palestrante aborda os pontos centrais do tópico, com detalhes complementares. Ao fim, um bom palestrante resume a fala e, com frequência, abre um tempo para perguntas da plateia.

Se estiver dando uma palestra ou fazendo uma apresentação, familiarize-se com o cenário. Procure levantar informações sobre o perfil do público, a fim de adaptar sua fala aos ouvintes. Você também pode cumprimentar alguns dos espectadores enquanto eles chegam. Você pode se surpreender ao perceber que essas pessoas são assim como você e eu, o que pode aumentar seu nível de conforto.

Se a apresentação conta com um momento para perguntas e respostas ao final, você pode ter de enfrentar perguntas difíceis e até mesmo hostis. Se a pessoa que estiver perguntando tiver um argumento válido, repita e extraia esse argumento principal parafraseando-o com uma linguagem neutra (e não hostil). Se a pergunta for despropositada, diga a quem o questionou que você ficaria mais do que satisfeito em discutir a questão pessoalmente depois da apresentação. Caso fique com muita raiva ou se sinta muito na defensiva para lidar com isso, apenas ignore a pergunta e encoraje outras questões da plateia. Não insulte ou ataque quem o questionou. Esse comportamento não costuma ser apreciado pelo restante do público, não importa o quão hostil a pergunta tenha sido. Se, por alguma razão, você tiver de responder à pergunta (talvez porque a pessoa que perguntou seja o vice-presidente de sua empresa), sempre é possível dizer algo como "Muito obrigado. É uma ótima pergunta. Infelizmente, não existe um jeito simples de respondê-la...".

Concluindo, a maioria das pessoas com TAS acredita que apresenta habilidades sociais deficientes, porém, em todos os cenários possíveis, suas habilidades sociais são boas. Contudo, se suas habilidades sociais forem, de fato, deficitárias, você pode corrigi-las facilmente. Este capítulo lhe apontou alguns caminhos. Experimente-os se existe uma boa razão para supor que você tem déficits em suas habilidades sociais (p. ex., se amigos próximos já lhe falaram isso). Não confie em si mesmo para julgar as próprias habilidades sociais. Você pode ser seu pior crítico; os amigos tendem a ser melhores juízes.

Epílogo

Depois de percorrer muito chão, chegamos ao fim. No Capítulo 1, discutimos várias dimensões da ansiedade social e a natureza de sua expressão clínica, o transtorno de ansiedade social (TAS). No Capítulo 2, você aprendeu as muitas razões que explicam por que a ansiedade social é um problema tão persistente. No Capítulo 3, apresentei e examinei um modelo de manutenção abrangente e discuti o motivo pelo qual a exposição é tão crucial para superar a ansiedade social. O material discutido nesses primeiros capítulos é baseado na vasta literatura de estudos científicos que foram conduzidos por muitos especialistas ao redor do mundo. Esses estudos responderam muitas perguntas sobre a ansiedade social. Na verdade, sabemos muito a respeito do que mantém esse problema difuso. Isso permitiu que os pesquisadores desenvolvessem estratégias de intervenção bastante específicas, as quais resumi neste livro.

Ninguém é igual a ninguém. Sarah, Joseph e Carrie são apenas três exemplos que ilustram como a ansiedade social é expressa diferentemente em pessoas distintas. A ansiedade social não é um monólito. Isso quer dizer que não existe uma só "coisa" chamada "ansiedade social", "transtorno de ansiedade social" ou "fobia social". Em vez disso, as formas de ansiedade, e como elas se apresentam, são quase tão variadas quanto o são as pessoas que sofrem com ela. Isso também serve para sua expressão clínica (*transtorno de ansiedade social*, antes chamado de *fobia social*). Felizmente, existem algumas semelhanças notáveis entre as pessoas, e as mesmas estratégias ajudarão muitas pessoas com problemas um pouco diferentes. Ainda assim, para ser mais eficaz, você precisa construir as estratégias para a sua situação específica. Espero que este livro o ajude a descobrir maneiras eficazes para fazer isso.

Discuti muitas habilidades e ferramentas que você pode utilizar para lidar com a ansiedade social: ferramentas para identificar seus erros de pensamento (Capítulo 4), ferramentas para enfrentar contratempos sociais (Capítulo 5) e ferramentas para aceitar a si mesmo (Capítulo 6). Algumas dessas ferramentas, como realizar exposições a contratempos sociais a fim de examinar as consequências temidas, provavelmente beneficiarão um grande número de pessoas com ansiedade social – se não todas. É provável que outras ferramentas, como aquelas para diminuir sua ativação (Capítulo 7) ou para melhorar suas habilidades sociais (Capítulo 8), sejam mais eficazes para algumas pessoas do que para outras. Você com certeza faz uma ideia do que tem mais chances de ajudá-lo. Mas, na dúvida, teste todas elas. Se achar algo difícil, estará no caminho certo. Você encontra um questionário para conferir o quanto aprendeu na página do livro em loja.grupoa.com.br. Se suas respostas estiverem erradas, volte aos respectivos capítulos e releia-os. Apresentamos muitas informações aqui, de modo que não esperamos que você se lembre de todas elas de primeira.

A fim de utilizar tais ferramentas de uma forma eficaz para se livrar da ansiedade social, você precisa adotar uma disposição mental para se abrir a novas experiências. Isso implica se expor a certas situações desconfortáveis. Não é fácil superar a ansiedade social. Se houvesse uma maneira mais fácil, eu teria lhe contado. Algumas vezes, temos de suportar certa dor emocional passageira a fim de alcançar paz e felicidade em longo prazo. Eu admiro sua coragem. Lembre-se do que disse o presidente Franklin D. Roosevelt em 1933 durante o terror do Terceiro Reich: "Vocês não têm nada a temer além do próprio medo". A única maneira de superar seu medo é enfrentá-lo com as ferramentas descritas neste livro. Desejo a você, leitor, o melhor durante sua jornada rumo à recuperação.

Apêndice

Medicamentos para a ansiedade social

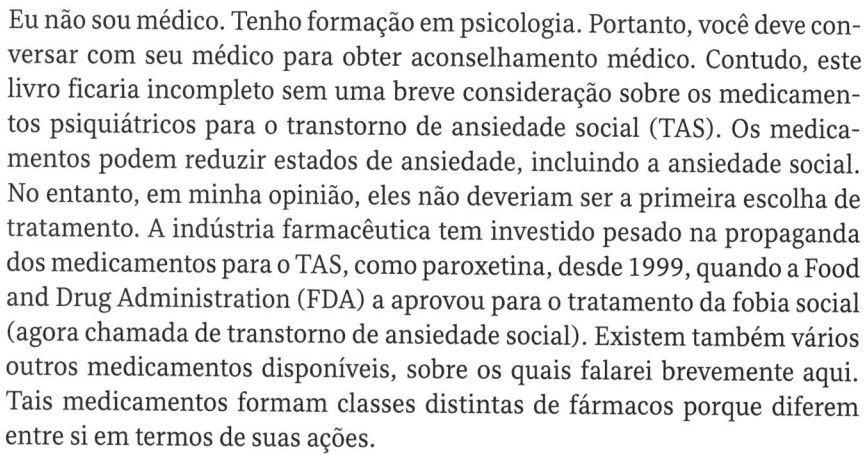

Eu não sou médico. Tenho formação em psicologia. Portanto, você deve conversar com seu médico para obter aconselhamento médico. Contudo, este livro ficaria incompleto sem uma breve consideração sobre os medicamentos psiquiátricos para o transtorno de ansiedade social (TAS). Os medicamentos podem reduzir estados de ansiedade, incluindo a ansiedade social. No entanto, em minha opinião, eles não deveriam ser a primeira escolha de tratamento. A indústria farmacêutica tem investido pesado na propaganda dos medicamentos para o TAS, como paroxetina, desde 1999, quando a Food and Drug Administration (FDA) a aprovou para o tratamento da fobia social (agora chamada de transtorno de ansiedade social). Existem também vários outros medicamentos disponíveis, sobre os quais falarei brevemente aqui. Tais medicamentos formam classes distintas de fármacos porque diferem entre si em termos de suas ações.

Até hoje, as classes de medicamentos mais usadas para a ansiedade social incluem os betabloqueadores, os inibidores da monoaminoxidase (IMAOs) e os inibidores seletivos da recaptação de serotonina (ISRSs). Outros medicamentos também são prescritos (como antidepressivos tricíclicos e outros tipos), mas ensaios clínicos sugerem que eles não são muito eficazes para reduzir a ansiedade social. Os ensaios clínicos costumam comparar diretamente os efeitos de vários medicamentos, entre si e em relação ao placebo – que é um comprimido de açúcar desprovido de ingredientes ativos, mas que tem aparência e gosto idênticos aos dos medicamentos de verdade.

Os betabloqueadores, como o propranolol e o atenolol, reduzem a ativação fisiológica e costumam ser utilizados para tratar pressão alta e problemas cardíacos. No passado, muitos médicos pensavam que os betabloqueadores também eram eficazes para tratar a ansiedade de desempenho ao bloquearem a resposta autonômica periférica a estímulos ansiogênicos. Portanto, esses medicamentos têm sido amplamente usados para tratar a ansiedade de desempenho desde a década de 1970. Apesar do entusiasmo inicial em relação aos betabloqueadores no tratamento da ansiedade social, sua eficácia não foi comprovada pelas pesquisas clínicas mais recentes. Tais fármacos podem ser úteis para atenuar os componentes fisiológicos e comportamentais do medo (como coração acelerado e tremores), mas exercem poucos efeitos sobre a experiência da ansiedade.

Muitos estudos demonstraram que a fenelzina, um IMAO, foi muito mais eficaz no tratamento da ansiedade social do que o betabloqueador atenolol e do que o placebo. Um estudo comparou os efeitos da fenelzina, da terapia cognitivo-comportamental (TCC) e de sua combinação (Blanco et al., 2010). A fenelzina e a TCC combinadas se mostraram superiores tanto ao tratamento isolado quanto ao placebo em medidas dimensionais e em taxas de resposta (e remissão). O estudo relatou taxas de resposta de 47,1% depois da TCC, de 54,3% depois da fenelzina e de 71,9% depois do tratamento combinado. Esse foi um dos poucos estudos que demonstrou efeitos superiores depois do tratamento combinado em comparação com uma forma única de terapia. Deve-se salientar, porém, que o protocolo da TCC utilizado nesse estudo foi baseado em uma versão mais antiga, tradicional, de TCC, que não incluiu muitas das estratégias aqui descritas, incluindo a exposição a contratempos sociais. Mesmo assim, tais resultados demonstraram que a fenelzina pode ser um tratamento eficaz para alguns pacientes. Infelizmente, tomar fenelzina exige que as pessoas tenham um maior cuidado com sua dieta, porque a ingestão de certos alimentos (como queijo curado) durante seu uso pode causar problemas físicos graves (como crise hipertensiva).

Os resultados promissores dos estudos que usaram IMAOs para o tratamento da ansiedade social estimularam a pesquisa sobre outros antidepressivos com melhor tolerabilidade como tratamentos potenciais para a ansiedade social. Desde que a FDA aprovou a paroxetina para o tratamento da fobia social em 1999, muitos estudos examinaram a eficácia dessa classe de medicamentos. Uma metanálise recente de farmacoterapias (tratamento medicamentoso) recomendou a paroxetina como tratamento de primeira linha para o TAS (Williams et al., 2020), pois, com exceção da paroxetina, as diferenças entre os medicamentos e o placebo foram poucas. Ao contrário da fenelzina, a paroxetina não exige que os pacientes sigam uma dieta rígida. No entanto, ela pode causar disfunção sexual em algumas pessoas.

Será que você, especificamente, precisa tomar medicamento para o TAS? Isso é impossível de responder sem conhecer sua história. Se você praticar – e continuar praticando – as técnicas descritas neste livro, é provável que possa vir a superar a ansiedade social sem uso de medicamento. Além do mais, tomar um medicamento como se fosse uma "solução mágica" para sua ansiedade social tem um preço: com frequência, há efeitos adversos desagradáveis, sintomas de abstinência, restrições dietéticas e, às vezes, até mesmo dependência quando seu uso for prolongado. Em alguns casos, porém, o medicamento pode ser uma intervenção útil, especialmente se outros problemas interferirem no tratamento, como depressão e outros transtornos psicológicos. Entretanto, a maioria das pessoas não vê utilidade ou necessidade de usar medicamento desde que as estratégias descritas neste livro funcionem bem.

Por último, devo salientar que meus colaboradores e eu examinamos um medicamento em particular, chamado de D-cicloserina (um antibiótico), que parece acelerar os ganhos de tratamento dos procedimentos de exposição em TCC para o TAS (p. ex., Hofmann et al., 2013). Nesse estudo, 169 pacientes com TAS foram distribuídos aleatoriamente em grupos para receberem ou uma pequena dose desse medicamento (50 mg) ou um placebo uma hora antes de cada uma das cinco sessões de exposição, que fizeram parte de um tratamento em grupo de 12 sessões de TCC. Esse tratamento incluiu muitas das estratégias discutidas neste livro. Os resultados demonstraram que tanto a combinação de TCC mais D-cicloserina quanto a combinação de TCC mais placebo mostraram taxas semelhantes de pacientes que concluíram o tratamento (87 e 82%) e de resposta (79,3 e 73,3%) durante a avaliação pós--tratamento e se mantiveram em grande medida após as avaliações de seguimento. A D-cicloserina por si só não tem efeito sobre a ansiedade (ela não é um ansiolítico). Seu efeito terapêutico somente está presente em conjunto com a TCC. Devido ao fato de a TCC ter resultado em uma taxa de resposta de 70 a 80% em ambas as condições, o medicamento não teve benefício complementar à resposta. Contudo, ele se mostrou associado a uma taxa de melhora 24 a 33% mais rápida na gravidade dos sintomas em comparação ao placebo durante a fase de tratamento. Isso pode abrir novos caminhos para a farmacoterapia: melhorar ainda mais o que já sabemos que funciona (i.e., TCC).

Referências

Alden, L. E., K. W. Auyeung, and L. Plasencia. 2014. "Social Anxiety and the Self." In *Social Anxiety: Clinical, Developmental, and Social Perspectives* (3rd edition), edited by S. G. Hofmann and P. M. DiBartolo, 513–549. Amsterdam Elsevier/Academic Press. ISBN-13: 978-0123944276.

American Psychiatric Association. 1980. *Diagnostic and Statistical Manual of Mental Disorders* (3rd edition). Washington, D.C.: APA.

American Psychiatric Association. 2013. *Diagnostic and Statistical Manual of Mental Disorders* (5th edition). Washington, D.C.: APA.

Bandura, A. 1988. "Self-Efficacy Conception of Anxiety." *Anxiety Research* 1: 77–98.

Barlow, D. H. 2001. *Anxiety and Its Disorders* (2nd edition). New York: Guilford Press.

Beck, A. T. 1976. *Cognitive Therapy and the Emotional Disorders.* New York: International Universities Press.

Beck, A. T., and G. Emery. 1985. *Anxiety Disorders and Phobias: A Cognitive Perspective.* New York: Basic Books.

Blanco, C., L. Bragdon, F. R. Schneier, and M. R. Liebowitz. 2014. "Psychopharmacology for Social Anxiety Disorder." In *Social Anxiety: Clinical, Developmental, and Social Perspectives* (3rd edition), edited by S. G. Hofmann and P. M. DiBartolo, 625–158. Amsterdam Elsevier/Academic Press. ISBN-13: 978-0123944276.

Blanco, C., R. G. Heimberg, F. R. Schneier, D. M. Fresco, H. Chen, C. L. Turk, et al. 2010. "A Placebo-Controlled Trial of Phenelzine, Cognitive Behavioral Group Therapy, and Their Combination for Social Anxiety Disorder." *Archives of General Psychiatry* 67: 286–95.

Brockveld, K. C., S. J. Perini, and R. M. Rapee. 2014. "Social Anxiety and Social Anxiety Disorder Across Cultures." In *Social Anxiety: Clinical, Developmental, and Social Perspectives* (3rd edition), edited by S. G. Hofmann and P. M. DiBartolo, 141–158. Amsterdam Elsevier/Academic Press. ISBN-13: 978-0123944276.

Burns, D. D. 2020. *Feeling Great*. Eau Claire, WI: PESI Publishing and Media.

Capriola-Hall, N. N., T. H. Ollendick, and S. W. White. 2021. "Attention Deployment to the Eye Region of Emotional Faces Among Adolescents with and Without Social Anxiety Disorder." *Cognitive Therapy and Research* 45: 456–467.

Clark, D. M., and A. Wells. 1995. "A Cognitive Model of Social Phobia." In *Social Phobia: Diagnosis, Assessment, and Treatment*, edited by R. G. Heimberg, M. R. Liebowitz, D. A. Hope, and F. R. Schneier, 69–93. New York: Guilford Press.

Dimberg, U., and A. Öhman. 1983. "The Effects of Directional Facial Cues on Electrodermal Conditioning to Facial Stimuli." *Psychophysiology* 20: 160–167.

Dimberg, U., M. Thunberg, and K. Elmehed. 2000. "Unconscious Facial Reactions to Emotional Facial Expressions." *Psychological Science* 11: 86–9.

Fang, A., A. T. Sawyer, A. Asnaani, and S. G. Hofmann. 2013. "Social Mishap Exposures for Social Anxiety Disorder: An Important Treatment Ingredient." *Cognitive and Behavioral Practice* 20: 213-220.

Foa, E. B., M. E. Franklin, K. J. Perry, and J. D. Herbert. 1996. "Cognitive Biases in Generalized Social Phobia." *Journal of Abnormal Psychology* 105: 433–439.

Foa, E. B., and M. J. Kozak. 1986. "Emotional Processing of Fear: Exposure to Corrective Information." *Psychological Bulletin* 99: 20–35.

Gilboa-Schechtman, E., I. Shachar, and L. Helpman. 2014. "Evolutionary Perspective on Anxiety." In *Social Anxiety: Clinical, Developmental, and Social Perspectives* (3rd edition), edited by S. G. Hofmann and P. M. DiBartolo, 599–622. Amsterdam Elsevier/Academic Press. ISBN-13: 978-0123944276.

Heimberg, R. G., C. S. Dodge, D. A. Hope, C. R. Kennedy, L. J. Zollo, and R. E. Becker. 1990. "Cognitive Behavioral Group Treatment for Social Phobia: Comparison with a Credible Placebo Control." *Cognitive Therapy and Research* 14: 1–23.

Henderson, L., P. Gilbert, and P. Zimbardo. 2014. "Shyness, Social Anxiety, and Social Phobia." In *Social Anxiety: Clinical, Developmental, and Social Perspectives* (3rd edition), edited by S. G. Hofmann and P. M. DiBartolo, 111–116. Amsterdam Elsevier/Academic Press. ISBN-13: 978-0123944276.

Hofmann, S. G. 2000. "Self-Focused Attention Before and After Treatment of Social Phobia." *Behaviour Research and Therapy* 38: 717–725.

Hofmann, S. G. 2004. "Cognitive Mediation of Treatment Change in Social Phobia." *Journal of Consulting and Clinical Psychology* 72: 392–399.

Hofmann, S. G. 2005. "Perception of Control over Anxiety Mediates the Relation Between Catastrophic Thinking and Social Anxiety in Social Phobia." *Behaviour Research and Therapy* 43: 885–895.

Hofmann, S. G. 2007. "Cognitive Factors That Maintain Social Anxiety Disorder: A Comprehensive Model and Its Treatment Implications." *Cognitive Behaviour Therapy* 36: 195–209.

Hofmann, S. G. 2014. "Interpersonal Emotion Regulation Model of Mood and Anxiety Disorders." *Cognitive Therapy and Research* 38: 483–492.

Hofmann, S. G., A. Asnaani, and D. E. Hinton. 2010. "Cultural Aspects in Social Anxiety and Social Anxiety Disorder." *Depression and Anxiety* 27: 1117–1127.

Hofmann, S. G., A. Asnaani, J. J. Vonk, A. T. Sawyer, and A. Fang. 2012. "The Efficacy of Cognitive Behavioral Therapy: A Review of Meta-Analyses." *Cognitive Therapy and Research* 36: 427–440.

Hofmann, S. G., J. K. Carpenter, and J. Curtiss. 2016. "Interpersonal Emotion Regulation Questionnaire (IERQ): Scale Development and Psychometric Characteristics." *Cognitive Therapy and Research* 40: 341–356.

Hofmann, S. G., and P. M. DiBartolo. 2000. "An Instrument to Assess Self-Statements During Public Speaking: Scale Development and Preliminary Psychometric Properties." *Behavior Therapy* 31: 499–515.

Hofmann, S. G., and S. N. Doan. 2018. *The Social Foundations of Emotion: Developmental, Cultural, and Clinical Dimensions.* Washington, D.C.: American Psychological Association. ISBN: 978-1-14338-2927-7.

Hofmann, S. G., A. Ehlers, and W. T. Roth. 1995. "Conditioning Theory: A Model for the Etiology of Public Speaking Anxiety?" *Behaviour Research and Therapy* 33: 567–571.

Hofmann, S. G., and N. Heinrichs. 2003. "Differential Effect of Mirror Manipulation on Self--Perception in Social Phobia Subtypes." *Cognitive Therapy and Research* 27: 131–142.

Hofmann, S. G., D. A. Moscovitch, H.-J. Kim, and A. N. Taylor. 2004. "Changes in Self--Perception During Treatment of Social Phobia." *Journal of Consulting and Clinical Psychology* 72: 588–596.

Hofmann S. G., and M. W. Otto. 2008. *Cognitive-Behavior Therapy of Social Anxiety Disorder: Evidence-Based and Disorder Specific Treatment Techniques.* New York: Routledge.

Hofmann, S. G., J. A. J. Smits, D. Rosenfield, N. Simon, M. W. Otto, A. E. Meuret, et al. 2013. "D-cycloserine as an Augmentation Strategy of Cognitive Behavioral Therapy for Social Anxiety Disorder." *American Journal of Psychiatry* 170: 751–758.

Johnson, S. L., B. Swerdlow, J. A. Tharp, S. Chen, J. Tackett, and J. Zeitzer. 2021. "Social Dominance and Multiple Dimensions of Psychopathology: An Experimental Test of Reactivity to Leadership and Subordinate Roles." *PLoS One 16*, no. 4 (April 28): e0250099.

Kagan, J. 2014a. "Temperamental Contributions to the Development of Psychological Profiles: I. Basic Issues." In *Social Anxiety: Clinical, Developmental, and Social Perspectives* (3rd edition), edited by S. G. Hofmann and P. M. DiBartolo, 378–418. Amsterdam Elsevier/Academic Press. ISBN-13: 978-0123944276.

Kagan, J. 2014b. "Temperamental Contributions to the Development of Psychological Profiles: II. Two Candidates." In *Social Anxiety: Clinical, Developmental, and Social Perspectives* (3rd edition), edited by S. G. Hofmann and P. M. DiBartolo, 419–443. Amsterdam Elsevier/Academic Press. ISBN-13: 978-0123944276.

Kessler, R. C., K. A. McGonagle, S. Zhao, C. B. Nelson, M. Hughes, S. Eshleman, et al. 1994. "Lifetime and 12-Month Prevalence of DSM-III-R Psychiatric Disorders in the United States: Results from the National Comorbidity Survey." *Archives of General Psychiatry* 51: 8–19.

Marks, I. M. 1987. *Fears, Phobias, and Rituals: Panic, Anxiety, and Their Disorders.* New York: Oxford University Press.

Moscovitch, D. A. 2009. "What Is the Core Fear in Social Phobia? A New Model to Facilitate Individualized Case Conceptualization and Treatment." *Cognitive and Behavioral Practice* 16: 123–134.

Moscovitch, D. A., and S. G. Hofmann. 2006. "When Ambiguity Hurts: Social Standards Moderate Self-Appraisals in Generalized Social Phobia." *Behaviour Research and Therapy* 45: 1039–1052.

Öhman, A. 1986. "Face the Beast and Fear the Face: Animal and Social Fears as Prototypes for Evolutionary Analyses of Emotion." *Psychophysiology* 23: 123–145.

Pan, J. 2019. *Sorry I'm Late, I Didn't Want to Come*. New York: Doubleday.

Phan, K. L., and H. Klumpp. 2014. "Neuroendocrinology and Neuroimaging Studies of Social Anxiety Disorder." In *Social Anxiety: Clinical, Developmental, and Social Perspectives* (3rd edition), edited by S. G. Hofmann and P. M. DiBartolo, 333–376. Amsterdam Elsevier/Academic Press. ISBN-13: 978-0123944276.

Rapee, R. M., and R. G. Heimberg. 1997. A Cognitive-Behavioral Model of Anxiety in Social Phobia. *Behaviour Research and Therapy* 35: 741–756.

Rogers, C. 1951. *Client-Centered Therapy: Its Current Practice, Implications and Theory.* London: Constable.

Schneier, F. R., L. R. Heckelman, R. Garfinkel, R. Campeas, B. Fallon, A. Gitow, et al. 1994. "Functional Impairment in Social Phobia." *Journal of Clinical Psychiatry* 55: 322–331.

Society of Clinical Psychology, Division 12, American Psychological Association. (n.d.). *Cognitive Behavioral Therapy for Social Anxiety Disorder.* https://div12.org/treatment/cognitive-behavioral-therapy-for-social-anxiety-disorder.

Solomon, R. L., and L. C. Wynne. 1953. "Traumatic Avoidance Learning: Acquisition in Normal Dogs." *Psychological Monographs: General and Applied* 67: 1–19.

Stangier, U., T. Heidenreich, M. Peitz, W. Lauterbach, and D. M. Clark. 2003. Cognitive Therapy for Social Phobia: Individual versus Group Treatment. *Behaviour Research and Therapy* 41: 991–1007.

Stein, M.B., L. J. Torgrud, and J. R. Walker. 2000. "Social Phobia Symptoms, Subtypes, and Severity: Findings from a Community Survey." *Archives of General Psychiatry* 57: 1046–1052.

Stein, M. B., J. R. Walker, and D. R. Forde. 1996. "Public Speaking Fears in a Community Sample. Prevalence, Impact on Functioning, and Diagnostic Classification." *Archives of General Psychiatry* 53: 169–174.

Trower, P. and P. Gilbert. 1989. "New Theoretical Conceptions of Social Anxiety and Social Phobia." *Clinical Psychology Review* 9: 19–35.

Turner, S. M., D. C. Beidel, M. R. Cooley, S. R. Woody, and S. C. Messer. 1994. "A Multicomponent Behavioral Treatment for Social Phobia: Social Effectiveness Therapy." *Behaviour Research and Therapy* 32: 381–390.

Williams, T., M. McCaul, G. Schwarzer, A. Cipriani, D. J. Stein, and J. Ipser. 2020. "Pharmacological Treatments for Social Anxiety Disorder in Adults: A Systematic Review and Network Meta-analysis." *Acta Neuropsychiatry* 32: 169–176.

Wong, N., D. E. Sarver, and D. C. Beidel. 2012. "Quality of Life Impairments Among Adults with Social Phobia: The Impact of Subtype." *Journal of Anxiety Disorders* 26: 50–57.

World Health Organization. 2019. *International Statistical Classification of Diseases and Related Health Problems* (11th edition). https://icd.who.int.